论维特根斯坦

李文倩◎著

四川大学出版社

项目策划：吴近宇
责任编辑：吴近宇
责任校对：陈　蓉
封面设计：墨创文化
责任印制：王　炜

图书在版编目（CIP）数据

论维特根斯坦／李文倩著．—成都：四川大学出版社，2020.10
（大学文库）
ISBN 978-7-5690-3954-2

Ⅰ．①论… Ⅱ．①李… Ⅲ．①维特根斯坦（Wittgenstein, Ludwig 1889-1951）—学术思想—文集 Ⅳ．① B561.59-53

中国版本图书馆CIP数据核字（2020）第218235号

书　名	论维特根斯坦 Lun Weitegensitan
著　者	李文倩
出　版	四川大学出版社
地　址	成都市一环路南一段24号（610065）
发　行	四川大学出版社
书　号	ISBN 978-7-5690-3954-2
印前制作	四川胜翔数码印务设计有限公司
印　刷	成都金龙印务有限责任公司
成品尺寸	170mm×240mm
印　张	12
字　数	171千字
版　次	2020年11月第1版
印　次	2020年11月第1次印刷
定　价	48.00元

版权所有 ◆ 侵权必究

◆ 读者邮购本书，请与本社发行科联系。
电话：(028)85408408/(028)85401670/(028)86408023　邮政编码：610065
◆ 本社图书如有印装质量问题，请寄回出版社调换。
◆ 网址：http://press.scu.edu.cn

扫码加入读者圈

四川大学出版社
微信公众号

序

本书所收的16篇文章，是我近10年（2009—2019）来研究维特根斯坦的一次结集。全书内容共分为两辑。辑一所收的8篇文章，是严格意义上的学术论文。辑二所收的8篇文章，则是对维特根斯坦及相关研究的评论。

辑一所收的8篇论文中，前6篇是对我硕士论文主体内容进行的改写。在这6篇论文中，我试图从西方文化的大背景出发，对维特根斯坦的哲学、伦理、美学和宗教思想提出自己的解释。当然，这一尝试性的解释是否成功，有待读者评判。需要说明的是，正因为这6篇论文都是对我硕士论文的改写，因此在具体的论述中，个别字句及思路稍有重复。第7篇论文《事实与价值——从新康德主义到维特根斯坦》本是我为博士论文《维特根斯坦论事实与价值》所写的绪论，但由于不符合学位论文的规范，后以单篇论文的形式发表。第8篇论文《语言的意义在于使用——维特根斯坦语言观探析》原题为《语言与金钱》，是我博士毕业后写的一篇短论文，该文试图对维特根斯坦与哈耶克的思想作一初步的比较研究。

辑二所收的8篇评论并非严格意义上的学术论文。因此，此辑所收的部分文章，保留了首次发表时的样貌而未给出引文注释。其余几篇文章，或引文较多，或首次发表时就有注释，因此在收入本书时添加或保留了这些注释。

我研究维特根斯坦已有10年，硕士论文和博士论文均以其为研究对象。纵然如此，我仍不敢自诩为研究维特根斯坦的专家。由于语言及其他一些条件的限制，我清楚地知道，自己的研究与一流的研究相比仍有较大差距。因此，本书的结集出版，我不敢说其对维特根斯坦研究有多大的学术贡献，有机会读到这本书的读者，如能在阅读过程中获得一两点思想上的启发，我也就心满意足了。

虽说没有多少优质成果贡献于学界，但维特根斯坦对我个人而言意义重大。在人生中某些无可避免的黑暗时刻，对维特根斯坦著述及相关研究的阅读，让我清楚地认识到：对于知识人而言，求真永远是第一要务；真诚为人、追求卓越，则是独立知识人应有的精神品格。

是为序。

李文倩

2019 年 8 月于成都狮子山

目 录

辑一 论文

从西方文化的大背景看维特根斯坦哲学……………………（3）

维特根斯坦与自杀问题…………………………………………（20）

维特根斯坦与音乐………………………………………………（33）

维特根斯坦与建筑………………………………………………（46）

维特根斯坦与文学………………………………………………（58）

维特根斯坦论宗教与生活………………………………………（71）

事实与价值
　　——从新康德主义到维特根斯坦…………………………（84）

语言的意义在于使用
　　——维特根斯坦语言观探析………………………………（101）

辑二 评论

哲学是一种祈祷
　　——评《维特根斯坦谈话录：1949—1951》……………（113）

毛姆笔下的维特根斯坦…………………………………………（119）

哲学、语言与意义
　　——读《简明语言哲学》…………………………………（128）

简论哲学与艺术
　　——读《维特根斯坦与杜尚：赋格的艺术》……………（137）
维特根斯坦的启示………………………………………………（147）
反哲学的维特根斯坦……………………………………………（159）
维特根斯坦论哲学史……………………………………………（162）
霍金是我们这个时代的天才吗？………………………………（165）

辑一 论文

从西方文化的大背景看维特根斯坦哲学①

在一般的理解中，分析哲学是通过语言的逻辑分析或概念分析的方式来解决相关哲学问题。分析哲学始终强调从问题出发，并力求解决问题，而不甚关注历史。当然，这也就决定了其不可能认为哲学即哲学史。因此，分析哲学即使在讨论前辈哲学家的思想时，也较少注意历史的维度，而更多关注共时性的分析。分析哲学这样一种研究方法，因其显而易见的优点，被当代哲学界的许多哲学家采用。

就早期分析哲学家而言，他们不仅较少关注以往的哲学史，也不太关心分析哲学自身的发展史。但这样一种状况，自20世纪六七十年代以来，随着分析哲学作为一种哲学思潮走向低落的过程，而有了一定的改观。人们不仅开始研究分析哲学总体的发展史，而且开始将各位分析哲学家与历史上的哲学家进行比较研究，由此发现，分析哲学的产生和发展，有其历史的根源。

对某一位分析哲学家而言，他们的思想也往往受到自身传统的深刻影响。即使像维特根斯坦这种极具创造性的哲学家，也不例外。关于维特根斯坦的哲学思想，半个多世纪以来，人们用不同的研究方法，从不同的角度进行了广泛而深刻的研究。21世纪这十多年以来，这种研究的方法和角度，呈现出更为多样性的态势②。

---

① 原载中国人民大学哲学院：《哲学家·2014》，北京：人民出版社，2015年。
② 参见张学广：《新世纪国际维特根斯坦哲学研究趋向概述》，载中国现代外国哲学学会分析哲学专业委员会编：《中国分析哲学·2012》，杭州：浙江大学出版社，2013年，第240—272页。

从本文的角度而言，笔者对维特根斯坦哲学思想的研究，主要是将其置于一个大的思想传统之中，考察其思想的内在张力。在关于维特根斯坦的研究中，江怡曾指出："这里存在一个研究背景问题，即把研究对象置于何种文化或思想传统之中。"① 在笔者这里，这一问题仍是重要的。不同之处在于，江怡勘定的解释框架，是将维特根斯坦放在欧陆哲学与英美哲学之间，并将其视为一个桥梁性的人物。而在笔者这里，维特根斯坦则被放置在雅典与耶路撒冷之争这一大的西方传统之中，以考察其思想之中的内在冲突。

我们深知，这样一种比较宏观的背景性研究，并不能替代对维特根斯坦哲学思想的细化分析。但这样一种研究之所以有意义，是因为我们相信，哲学在一定程度上有其文化依赖性。维特根斯坦曾说："我相信，假如有人要喜爱一个作家，那么他一定也得喜欢作家从属的那种文化。"② 在这里，维特根斯坦指明了文学必然具有文化依赖性。而对于哲学来说，相对文学，这种文化依赖性的确要弱很多，因为哲学的本质更多在于追求某种普遍的东西。尽管如此，哲学也在一个较弱的意义上，存在某种程度的文化依赖。因此，我们考察一种哲学及其文化传统之间的关系，就并非毫无意义。

而且，对于中国学者而言，这样一种考察更有其特殊的意义。因为我们看到，在比较哲学的视野中，已经有一些学者将维特根斯坦与中国传统思想进行了比较研究，并得出一些初步的结论。这样一种比较研究，当然有其重要意义；但我们同时也看到，有一些所谓的比较研究，只从某一文本中的个别片段出发以论证出自己想要的结论，而没有考虑到哲学思想的内部结构，也较少注意不同哲学家所属的文化传统其实是有相当大差异的。因此，我们认为，比较哲学研究的前提，是对各比较对象本身有较为深入的理解；而这样一种理解，就既有文本层面上的，又有文化传统层面上的。

---

① 江怡：《维特根斯坦：一种后哲学的文化》，北京：社会科学文献出版社，1996年，第1页。
② 维特根斯坦：《维特根斯坦笔记》，许志强译，上海：复旦大学出版社，2008年，第144页。

一、雅典与耶路撒冷

从一个极宏大的角度出发，人们认为，两希（希腊与希伯来）文明整体性地塑造了西方文化。希腊的城邦雅典，是哲学的诞生之地。在雅典，自由民们生活在高度民主的政治制度下，他们热衷于公共事务，喜欢就自然和社会问题展开辩论。这样一种整体性的文化气氛，孕育出了哲学－科学的传统。人们普遍推崇理性，认为对整个世界图景的勾画，不能再像神话或传说那样，靠讲一些无所凭据的故事就能轻易俘获人心。耶路撒冷则深刻地塑造了西方文化的信仰之维。与雅典人对理性的高度推崇不同，发端于耶路撒冷的宗教信仰，则认为来自上帝的启示才是最重要的。而所谓的理性，则不过标志着人的堕落。就此，俄国思想家舍斯托夫指出："希腊'真理'与圣经'启示'的基本对立即在于此：对于希腊人来说，认识树之果乃是一切未来时代哲学的源泉，同时也是一种解放的力量；而对于圣经来说，它是奴役的开端，标志着人的堕落。"[①]

简而言之，在西方文化的历史上，雅典与耶路撒冷之间，既有激烈的争斗，又有妥协和融合，它们共同塑造了今日西方文化的整体格局。但这样一种表述方式，是从某种整体性的角度出发的。而在某个具体的思想家那里，对此问题的看法，则要复杂很多。而且，在不同的思想家那里，它们的价值立场存在极大的差异。甚至有的思想家认为，雅典与耶路撒冷之间，不可能也不应当和平共处，而必须相信某一方为终极真理。调和与妥协，都是不可能的。

比如舍斯托夫就曾指出："在耶路撒冷和雅典之间没有、也不应当存在和睦共处。来自雅典的是理性真理，而来自耶路撒冷的是启示。启示不能容纳于理性真理的范围之中：因为启示会摧毁它们。启示不害怕理性真理：它用自己的威严'它不羞愧，绝对可信'（non pudet, procsus credibile）和一

---

① 列夫·舍斯托夫：《雅典与耶路撒冷》，张冰译，上海：上海人民出版社，2004年，第247页。

切定然（cektllm）的胜利完成来回敬它们一切'羞愧、无用与无能'（pudendum, ineptum et impossibile），我们开始觉得通常的思维范畴是一层浓密大雾，遮掩着软弱无力和虚弱有病，然而大家认为这是威严和不可战胜的虚无。"①

在这里，我们可以清楚地看到，在舍斯托夫眼中，通常的思维范畴也即理性，不过是一层浓密大雾，掩盖着我们精神生命中的虚弱和病态。而之所以有此看法，是因为在舍斯托夫看来，我们生命的所有价值，只能来自神圣的启示之光，除此之外，所有的辩解都不过是想掩饰我们虚弱无力的精神绝症。毫无疑问，舍斯托夫的发言，坚定地站在宗教信仰的立场上。如此看来，则正如维特根斯坦认识到的："假如基督教是真理，那么所有涉及它的哲学著作都是谬误。"②

在宗教与哲学之间，前者是神圣的，后者是世俗的，甚至是无神论的。雅克·德里达在《信仰与知识——纯然理性界限内的宗教的两个来源》一文中认为："海德格尔不仅仅很早并且多次宣称哲学原则是'无神论'的，哲学的观念对于信仰是一种'荒诞'（至少反而亦然），而一种基督教哲学的观念与'方的圆'同样荒谬。"③ 在这里，德里达不仅借海德格尔之口指明哲学是无神论的，而且认为从宗教信仰的角度看，哲学的观念是一种荒诞的不可思议。因此，"基督教哲学"这一提法本身，就如"方的圆"一样荒谬。关于基督教哲学是否可能，不是这里考察的重点，但我们由此至少可以看出：在西方思想界的内部，有的哲学家认为，宗教与哲学之间存在极大的差异，以致从根本上讲是不可调和的。

关于哲学的世俗品性，还有一种说法是，哲学不过就是"世俗哲学"的简称。保罗·蒂利希在《艺术与绝对现实》一文中指出："世俗哲学通常被

---

① 列夫·舍斯托夫：《旷野呼告 无根据颂》，方珊、李勤、张冰等译，上海：上海人民出版社，2004年，第153页。
② 维特根斯坦：《维特根斯坦笔记》，许志强译，上海：复旦大学出版社，2008年，第141页。
③ 雅克·德里达、基阿尼·瓦蒂莫：《宗教》，杜小真译，北京：商务印书馆，2006年，第79页。

简称为哲学,世俗艺术通常被简称为艺术,而以神圣之物和绝对现实的直接象征为对象的哲学和艺术则被称之为神学和宗教艺术。"① 在这里,保罗·蒂利希对世俗哲学与神学,做出了清楚的区分。

哲学所追求的理性品格,要求其在方法论的层面,为其所持主张提供严格的论证。甚至有的学者认为,论证是哲学的本性。而在更深的层面上,论证之所以重要,是因为在哲学家看来,我们只有从一个真的前提,通过合乎逻辑的推理,才能得出真的结论。因此,尽管神话、传说以及史诗等,均不乏诱人之处,一般人也很愿意相信这些东西,但在哲学家看来,无论这些东西如何诱人,它们是否是真的这一点却无法得到有效的保证。在这个意义上,哲学对论证的依赖或看重,正体现出其对理性之真的热切追求。

但从宗教的角度看,信仰是被给予的,它超越理性,无关论证。在上帝是否存在的问题上,克尔凯郭尔在《哲学片断》一书中说:"假如上帝不存在的话,那当然就不可能去论证它。而假如他存在的话,那么要去论证他的存在就显得愚蠢可笑。"② 同样的道理,在最深层的信仰之中,论证也是无用的。谢尔兹指出:"在最深的层次上,需要的不是证明或论证,而是一种虔诚或信仰。"③ 这里的区别在于,证明或论证活动,其实是我们哲学-科学工作的一部分,它之所以必要,是因为它能有效消除我们理智上的怀疑。但宗教信仰与此不同,它无关怀疑,唯凭确信;信仰者所信仰的对象,是独一的绝对存在者,它不可见,亦不可怀疑,而"必须以实践的方式认信他"④。赫尔德曾指出:"宗教并不需要支持或反对的论证。毋宁说,它要求的是用心遵从不可违背的职责、我们最内在生命认信的真理。宗教不是对有

---

① 刘小枫:《德语美学文选·下卷》,上海:华东师范大学出版社,2006年,第143页。
② 克利马科斯(克尔凯郭尔):《论怀疑者》,陆兴华、翁绍军译,上海:上海人民出版社,2006年,第106页。
③ 谢尔兹:《逻辑与罪》,黄敏译,上海:华东师范大学出版社,2007年,第55页。
④ 洛维特:《世界历史与救赎历史:历史哲学的神学前提》,李秋零、田薇译,北京:生活·读书·新知三联书店,2002年,第190页。

疑问的事物做探究；毋宁说，它是践行无可怀疑之事。"①

从这个角度看，有的学者认为，信仰才是我们内心最深刻的部分，而理性不过是一种表面的展示。詹姆斯说："非推理的直接确信是我们内心的深刻部分，推理论证只是表面的展示。本能是领导，理智是随从。"② 在这个意义上，关乎最原初的信仰问题，理性是完全无用的。理性只有辩护性的意义。詹姆斯进一步指出："理性从来不曾产生信仰；现在，它亦不能为信仰担保。"③ "企图用纯理智的过程证明直接的宗教经验所揭示的真理，是绝对没有希望的。"④

事实上，有的学者认为，宗教信仰从根本上说是一种情感。詹姆斯说："宗教实质上是私人的，个人的，始终超越我们的表达能力。尽管由于人性使然，总有人跃跃欲试，企图把宗教的内容注入哲学的模子，但是，这些尝试永远是次生的过程，绝不能增加原来宗教情感的权威，也不能保证它们的真实——人们的尝试正是从这些情感中获得刺激的，而且，他们的认信无论多么热忱，都是从这些情感中借取的。"⑤ 克尔凯郭尔则进一步指出，宗教信仰是一种激情，他说："信仰是人的最高的激情。"⑥ 说信仰是一种激情，意味着其无关乎理性，因此也就不存在是否合理的问题。这样一种观点，与德尔图良认为信仰不过是一种荒诞的思想有内在的一致性。维特根斯坦曾在其笔记的多个地方指出宗教信仰是一种激情，这样一种观点，大概是受到了克尔凯郭尔思想的影响。

以上简述表明，从西方文化的大传统出发，我们大致可以认为，雅典代表哲学－科学传统，而耶路撒冷则代表宗教信仰传统。但自现代以来，由于近代科学取得巨大成就，雅典传统逐步占据了绝对主导的地位。这样一种貌

---

① 约翰·哥特弗雷德·赫尔德：《反纯粹理性：论宗教、语言和历史文选》，张晓梅译，北京：商务印书馆，2010年，第78页。
② 威廉·詹姆斯：《宗教经验种种》，尚新建译，北京：华夏出版社，2008年，第54页。
③ 威廉·詹姆斯：《宗教经验种种》，尚新建译，北京：华夏出版社，2008年，第316页。
④ 威廉·詹姆斯：《宗教经验种种》，尚新建译，北京：华夏出版社，2008年，第331页。
⑤ 威廉·詹姆斯：《宗教经验种种》，尚新建译，北京：华夏出版社，2008年，第312页。
⑥ 克尔凯郭尔：《恐惧与颤栗》，刘继译，陈维正校，贵阳：贵州人民出版社，1994年，第93页。

似合理的趋势,却在20世纪造成了巨大的灾难。面对科学问题,维特根斯坦就曾发出呼吁:"人必须醒过来表示惊奇——也许各民族的人都该如此。科学是重新使人入睡的途径。"① 他还指出,科学内在具有的那种乐观主义精神,并不能确保现代人免于因巨大灾难而带来的恐惧。

面对现代科学问题,维特根斯坦求助于宗教而非哲学,尽管这有可能并不能解决所有问题。罗森就此指出:"重申一次,维特根斯坦从现代科学的自然概念起步,如果我理解正确的话,他试图通过宗教而非通过哲学理论弥补其缺陷。换言之,语言的日常分析结果根植于沉默中,而非根植于更多的语言中,因为后者只能被恰当地用于描述和表达事实(包括经验),因而是用以表达相对价值,但不能用以表达伦理学或宗教这些绝对价值。维特根斯坦的语言治疗指明耶路撒冷对雅典的胜利。"②

二、 两个维特根斯坦

要考察维特根斯坦与耶路撒冷之间的关系,首先要求我们对维特根斯坦的宗教信仰问题给出回答。这一问题或可简述为:维特根斯坦是一个基督徒吗?这样一个看似简单的问题,放到维特根斯坦那里,却变得复杂起来。非常明显的是,无论我们对此问题回答"是"或"否",似乎都有简化问题之嫌。有关此问题,大致有这样一些相近却又不同的说法,人们认为维特根斯坦是:(1) 神秘主义者;(2) 基督徒,而非基督教徒;(3) 没有宗教信仰,但有宗教思想;(4) 一个有宗教气质的人,他渴望获得宗教信仰,但最终没有成功;(5) 深刻的悲观主义者;(6) 有一些非正统的宗教思想,对宗教怀有最深的尊敬;(7) 性格形式中有宗教倾向;(8) 神秘的有神论者;(9) 现实的无神论者,等等。

以上种种说法,均有文本支撑。在下面的论述中,我们将有选择性地引

---

① 维特根斯坦:《维特根斯坦笔记》,许志强译,上海:复旦大学出版社,2009年,第10页。
② 张志林、程志敏:《多维视界中的维特根斯坦》,郝亿春、李云飞等译,上海:华东师范大学出版社,2005年,第201页。

述部分文本，对以上说法进行稍微细致一点的分析，以加深我们对此问题的理解。

认为维特根斯坦是一个神秘主义者的这种看法，最早来自罗素。韩林合也认为："由于维特根斯坦认为存在着这样的体验状态，并且认为对人生而言只有这样的状态才具有最终的意义，因此他坚持着神秘主义；由于他认为自己曾经具有过这样的体验，因而我们也可以把他称作为神秘主义者。"①的确，在维特根斯坦那里，神秘主义既是一种非常特殊的体验，更重要的是，它又与我们人生的意义相联系。1915年5月25日，维特根斯坦在其笔记中如是谈论神秘主义：

> 对神秘事项的渴望源自于如下事实：科学无法满足我们的愿望。我们觉得，即使所有可能的科学问题都悉数获得了解答，我们的问题还完全没有被触及到。当然，这时恰恰不再存在任何问题了；恰恰这就是答案。②

在这里，我们可以清楚地看到，维特根斯坦对神秘事项的关注，源于他认为科学无法在根本的意义上为我们的人生提供意义。在维特根斯坦早期哲学的框架中，人生意义的解决，必定在科学之外。而在科学之外的东西，我们无法对其进行有效的言说，在这个意义上，它是神秘的。

关于维特根斯坦的基督徒身份，徐志跃指出："在宗教维度，维特根斯坦本人非常接近于是个'跟随耶稣的基督徒'（他对学生讲过'某种意义上，我们是基督徒'，但他不是归属任何教会的基督教徒。)"③ 而且，维特根斯坦放弃巨大财富和各种机会，去乡村担任小学教师的经历，也被人认为是对耶稣行为的效仿。

---

① 韩林合：《〈逻辑哲学论〉研究》，北京：商务印书馆，2007年，第705页。
② 维特根斯坦：《战时笔记：1914—1917》，韩林合编译，北京：商务印书馆，2005年，第163—164页。
③ 徐志跃：《维特根斯坦〈杂评〉的汉译及其宗教思想》，《世界哲学》，2004年第1期，第104页。

说维特根斯坦没有宗教信仰却有宗教思想,是基于维特根斯坦本人的一段著名自述。1949年,维特根斯坦在跟他的朋友朱厄瑞的谈话中,曾表达过这样一个观点:"我虽然不是一个宗教信徒,但是我禁不住从宗教的观点看待每一个问题。"[1] 从这一表述看,维特根斯坦虽不是宗教信徒,但比一般的宗教信徒,具有更加深刻的宗教信仰。马尔康姆评论道:"考虑到这一切,可以肯定正确地说,维特根斯坦的生活强烈地具有宗教思想和宗教情感的特征。我倾向于认为,与许多正确地认为自己有宗教信仰的人相比,维特根斯坦纳具有更加深刻的宗教信仰。"[2]

而第四种意见,可见于普特南对维特根斯坦宗教信仰问题的评论。普特南说:"我认为维特根斯坦本人并未曾成功地恢复他浸染于其中的基督教信仰,尽管对他而言,它总是他可能加以恢复的可能性。"[3] 他进一步评论道:"在我看来,他似乎在一定程度上渴望获得宗教信仰,但没有获得;在谈话中他将自己描绘为具有'宗教气质'。"[4] 这里的理解,在某种层面上,揭示了维特根斯坦在宗教信仰问题上的实情。

第五种意见来自马尔康姆。而第六种意见,则认为维特根斯坦虽对宗教抱有极深的尊敬,但他的宗教思想是非正统的。对此,格雷林评论道:"然而他的宗教观点却不是正统的,到底是什么信仰他也从未讲出。在他的著作中透露过一些与此相关的暗示。"[5] 说维特根斯坦的宗教思想是非正统的,在笔者看来,其中的关键之处在于,他对宗教信仰、人生意义的思考,立足于现代性的普遍的人类处境,而不仅仅是一种简单的对传统的继承。从这个角度出发,我们可以说他是非正统的;但也正是这种非正统性,触及了现代人普遍的信仰危机问题,从而对之后的神学产生巨大的影响。

第七种意见来自冯·赖特,他在《维特根斯坦传略》一文中指出:"我

---

[1] 转引自韩林合:《〈逻辑哲学论〉研究》,北京:商务印书馆,2007年,第756页。
[2] 转引自涂纪亮:《维特根斯坦的宗教情怀》,《开放时代》,2001年第5期,第115页。
[3] 希拉里·普特南:《重建哲学》,杨玉成译,上海:上海译文出版社,2008年,第152页。
[4] 希拉里·普特南:《重建哲学》,杨玉成译,上海:上海译文出版社,2008年,第174页。
[5] A. C. 格雷林:《维特根斯坦与哲学》,张金言译,南京:译林出版社,2008年,第2页。

认为性格的严肃性有两种形式。一种是执着于'坚定的原则',另一种是出自一颗炽热的心。前者与道德有关,而后者我认为比较接近于宗教。维特根斯坦对于责任的考虑有一种锐利的甚至痛苦的敏感,但是他个性中的真诚和严格,更多地是属于第二种情形。"① 照冯·赖特的观点看,严肃的性格一是执着于坚定的原则,这一思路大致属于康德的实践哲学;而所谓"坚定的原则",即相当于康德的道德律令。但维特根斯坦性格之极端的严肃性,与康德的道德律令无关,而是源自他那痛苦而敏感的心灵。

第八、第九种意见,来自中国学者王志成。他认为从宗教哲学的立场看,"前期的维特根斯坦是一个神秘的有神论者"②。而"晚期的维特根斯坦是一个现实的无神论者"③。这样一种解读方式,是基于传统的对维特根斯坦哲学前后期的划分而形成的。但如果将这样一种划分套用在维特根斯坦关于宗教信仰的思考上,则是错误的。因为在维特根斯坦那里,他对此问题的思考是终生一贯的④,根本不存在所谓"前期"和"后期"之别。

讨论到这里,我们终于可以进入本节标题所示问题,即所谓对两个维特根斯坦的划分。事实上,两个维特根斯坦的说法由来已久,人们有时将其分别标识为维特根斯坦Ⅰ和维特根斯坦Ⅱ。而更普遍的说法,是前期维特根斯坦和后期(或晚期)维特根斯坦。前期维特根斯坦的代表性文本即《逻辑哲学论》,后期维特根斯坦的代表作品是《哲学研究》。这样一种划分,是基于对维特根斯坦哲学的一种理解,即他的前后期哲学间存在某种巨大的断裂,甚至可以说是两种不同的哲学。尽管当代学者对此问题仍有诸多争论,但维特根斯坦哲学的分期问题,并非本文关注的重点。不过,我们至少可以明确,所谓前后期的划分,对考察维特根斯坦的整体思想,是远远不够的。

基于本文的立场,笔者所谓的"两个维特根斯坦",即犹太人维特根斯

---

① 诺尔曼·马尔康姆:《回忆维特根斯坦》,李步楼、贺绍甲译,北京:商务印书馆,1984年,第16页。
② 王志成:《论维特根斯坦的宗教哲学思想》,《浙江学刊》,1994年第2期,第57页。
③ 王志成:《论维特根斯坦的宗教哲学思想》,《浙江学刊》,1994年第2期,第59页。
④ 李文倩:《哲学是一种祈祷》,《文景》,2012年第10期,第110页。

坦和哲学家维特根斯坦。正如读者所见,这一划分的基本前提,是基于我们对西方文化大传统的一种理解。抛开内容方面的理解不谈,仅从形式的角度考虑,命名也往往是必要的。正如维特根斯坦所言:"从事哲学的时候对自己说,命名就像给一样东西贴标签——这经常证明是有裨益的。"① 原因在于,一种命名或区分的提出,可以醒目地标示出那些我们在以往讨论中忽略掉的东西。具体到维特根斯坦身上,通过这一区分,我们可以较为深入地讨论其思想之中的内在张力。

维特根斯坦作为哲学家的身份,无须多论。而他作为一个犹太人的意义,则需要多说几句。有的传记作家在论及维特根斯坦家族时说:"无论怎样同维也纳中产阶级融合,无论怎样脱离自己的出身,他们仍然——在某种神秘的意义上,是'彻头彻尾的'犹太人。"② 具体到维特根斯坦本人,关于犹太人问题,他在笔记中多有讨论③。在其中的一个段落中,他为犹太人提出这样的辩护:"犹太人在西方的文明中总是被不恰当的尺度衡量。许多人可以看得很清楚,在西方人的意识中,那些希腊的思想家既不是哲学家也不是科学家,而从前的奥林匹亚运动会的参赛者们也都不是运动员,与任何西方人的职业不相适应。这一点跟犹太人一模一样。拿我们(语言)中的用语作为唯一的标准,我们便经常不能公正地对待它们。所以有一段时期,他们不是被过高地估价,便是遭到低估。"④ 这在某个意义上,表明维特根斯坦对其犹太人身份的主观认同。

更重要的意义在于,维特根斯坦的犹太人身份对其哲学研究亦有深刻影响。比如他对语言问题的关注就与这一身份有关。有研究犹太文化的学者指出:"在现当代西方学者对语言问题的关注中,胡塞尔、卡西尔、维特根斯

---

① 维特根斯坦:《哲学研究》,陈嘉映译,上海:世纪出版集团、上海人民出版社,2005年,第10页。
② 瑞·蒙克:《维特根斯坦传:天才之为责任》,王宇光译,杭州:浙江大学出版社,2011年,第5页。
③ 维特根斯坦:《维特根斯坦笔记》,许志强译,上海:复旦大学出版社,2008年,第4、21、22、31—32、33、35、36、37页。
④ 维特根斯坦:《维特根斯坦笔记》,许志强译,上海:复旦大学出版社,2008年,第27页。

坦、斯泰思等犹太哲人的思考占有突出的地位，这也许与犹太人传统性的、强烈的语言意识不无关系，因为如果说对于一般操用本民族语言的普通人而言语言的不透明、语言的困惑是单层次的话，那么对犹太人而言，由于其民族母语的变异、对异族语言的借用等则使得他们的语言困惑变成了一种双层的困惑，因而犹太人对语言问题可能有着更为敏锐、深刻的感知。"①

犹太人对语言问题的深刻敏感，与他们的生存处境息息相关。在以色列建国之前，犹太人没有自己的祖国，漂泊似乎就是他们的宿命。这样一种无家可归的生存处境，几乎是现代人之生存的一个恰当隐喻。犹太人没有自己的家园，因此在艰难的生存斗争中，他们似乎并不能只看重地方性的知识和价值，而要求掌握普遍性的东西。一种语言肯定是不够的，他们在多种语言的碰撞中，深刻体验、思索语言之中隐藏的秘密。而金钱其实也是这样一种具有普遍适用性的东西，因此被犹太人格外看重。

但犹太人思维中的普遍主义倾向，一方面令他们在学术、商业等领域取得了巨大成功，另一方面也给他们带来了杀身之祸。鲍曼指出："最要命的怀疑通过犹太人一个明显的倾向而得到断然的确认，即他们对'人类价值'、'人本身'、普遍主义以及其他同样失去号召性的、因此是不爱国的口号有令人愤怒的偏好，并倾向于在此偏好中体现出他们外在于国界的地位。"② 尽管如此，我们仍不得不说，犹太科学家、哲学家所创造出的知识和思想，有力地形塑了我们对现代世界的认知和想象。

三、逻辑与罪的张力

罗素在其自传之中，有一段关于维特根斯坦的生动描述：

> 他常常在每天晚上午夜的时候来看我。然后，像一只处于令人不安的沉默状态中的野兽一样在我的房间里踱来踱去。这样的状态能持续三

---

① 刘洪一：《犹太文化要义》，北京：商务印书馆，2004年，第301页。
② 鲍曼：《现代性与大屠杀》，杨渝东、史建华译，南京：译林出版社，2011年，第70—71页。

个钟头。我曾经问他:"你在思考逻辑还是在思考你的罪孽?""两者",他回答道。说完后继续踱来踱去。我不愿向他说已经是睡觉的时间了,因为我和他都觉得,在离开我后他会自杀。①

在相当多的学者看来,这段描述之所以重要,是因为它以极简洁的形式,勾勒出了维特根斯坦思想的整体肖像。逻辑与罪,正是维特根斯坦思想的两个核心主题。逻辑是显在的,罪则是内隐的,而且,在维特根斯坦思想的深处,罪比逻辑占有更重要的地位。因为,逻辑不过是解决罪的问题的一种手段。但无论如何,他将逻辑与罪结合起来思考的方式,的确相当奇特。传记作者指出:"他的逻辑和他对自身的思考是'对自己的责任'的两个方面;这一热忱的信念必定要对他的工作发生影响。最终它发生了影响——使他的工作从弗雷格和罗素一脉的逻辑符号系统分析,转变成我们今天看到的奇特混血:把逻辑理论和宗教神秘主义如此这般地结合在一起。"②

我们的考察,只能从比较显在的一个方面,即从逻辑的方面入手。"逻辑"是一个比较含混的概念,人们在不同的语境中、在不同的意义和层面上使用它。但这并不表明它没有一个大致的规定。我们先来考察一下它的词典意。一本外国哲学词典中的"逻各斯"词条,有如下解释:"希腊语 logos 一词,亦作 Logos,音译有'逻各斯',有'理性'、'理念'、'词'、'谈话'等意,该词源出希腊语 Legein,意为'说'(to speak)。在哲学上涵义丰富,大体有以下含义:任何讲的或写的东西,包括虚构的故事和真实的历史;所提到的和价值有关的东西;与感觉对立的思想或推理;原因、理性或论证;事物的真理;尺度,完全或正当的尺寸;对应关系、比例;一般的原则或规律;理性的力量;定义或公式。"③

从本文的视角看,这样一种关于"逻辑"的大致规定,从词源的角度出

---

① 转引自韩林合:《〈逻辑哲学论〉研究》,北京:商务印书馆,2007年,第694页注释①。
② 瑞·蒙克:《维特根斯坦传:天才之为责任》,王宇光译,杭州:浙江大学出版社,2011年,第119页。
③ 冯契:《外国哲学大辞典》,上海:上海辞书出版社,2008年,第60页。

发,即可见其来源于古希腊,归属雅典传统。而且,无论是传统哲学还是现代哲学,都和逻辑有着密切的联系。只是传统哲学依赖传统逻辑,而现代哲学更多仰仗现代逻辑。维特根斯坦关于逻辑的思考,正如他自己所说,受惠于弗雷格和罗素,而这两位,分别是现代逻辑的创始人和重要的奠基者。因此,维特根斯坦对逻辑问题的思考,亦是从现代逻辑的角度出发,力图解决相关的哲学和人生问题。有的学者指出:"被认为属于分析哲学的那些哲学家很少有人像维特根斯坦那样把哲学问题与人生问题紧密地联系起来;而维特根斯坦却把充满技术语言的分析哲学思考当成解决人生问题的一种手段。对他来说,人生问题也许是唯一值得真正关注的问题,哲学思考的价值则是派生的。"①

维特根斯坦对哲学问题的关注和解决,始终与逻辑相关,只不过到了后来,这里的逻辑变成了语法。而之所以如此,则与其所处时代有关。冯·赖特在《20世纪的逻辑和哲学》一文中指出:"20世纪哲学最突出的特征是逻辑的复兴以及它在哲学的整个发展中扮演着发酵剂的角色。"② 他进一步指出:"逻辑是我们这个时代的哲学的独特标志。"③ 而在罗素那里,他认为哲学的本质即逻辑。

下面我们具体考察一下维特根斯坦对逻辑性质的认识。在《逻辑哲学论》中,他这样写道:

> 我们为了理解逻辑所需要的"经验",不是某物是如何如何的,而是某物存在;但这恰恰不是经验。
>
> 逻辑先于任何经验——某物是如此这般的。
>
> 逻辑先于关于"如何"的问题,而不先于关于"什么"的问题。(5.552)④

---

① 黄敏:《分析哲学导论》,广州:中山大学出版社,2009年,第127页。
② 冯·赖特:《知识之树》,陈波编选,北京:生活·读书·新知三联书店,2003年,第146页。
③ 冯·赖特:《知识之树》,陈波编选,北京:生活·读书·新知三联书店,2003年,第158页。
④ 维特根斯坦:《逻辑哲学论》,贺绍甲译,北京:商务印书馆,1996年,第83页。

> 一个逻辑命题不仅必须不被任何可能的经验驳倒，它也必须不被任何可能的经验确证。(6.1222)①

单看命题 5.552，如果只从中文翻译来理解，有些地方可能不是很清楚。为什么说逻辑所需"经验"，不是某物是如何如何的，"而是某物存在"？问题的关键，在于这里的"存在"一词。事实上，与"而是某物存在"对应的英文是"but that something is"，我们把"is"翻译为"存在"，反而使问题变得不清楚了。在维特根斯坦那里，至少在这段话中，意思其实比较清楚，即逻辑无关乎经验的内容，而只关乎某物之所"是"；且这里的"是"作为一个系词，表明逻辑只与推理的形式有关②。命题 6.1222 更清楚地指明了逻辑与经验无关。

维特根斯坦接着指出：

> 我们说过，在我们使用的符号中，有些东西是随意的，有些东西则不是随意的。逻辑只表达后者，这就意味着，逻辑领域不是我们借助记号来自由表达的地方，而是绝对必要的记号自身表现其本性的地方。(6.124)③

> 因而在逻辑中决不可能有出乎意料的东西。(6.1251)④

逻辑与经验无关，因为经验的东西总是带有某种偶然性。而正如上面两节引文所表明的，在逻辑中没有任何随意的或出人意料的东西。逻辑只考虑必然性的东西。而逻辑这样一种绝对的、无任何例外的情形，正类似于上帝的意志。谢尔兹指出："从现存最早的笔记开始，维特根斯坦就把逻辑形式（及后来的语法形式）当成是类似于上帝意志的东西，于是，逻辑提供了绝对的，可用来衡量我们的'罪'的标准。"⑤而且，在维特根斯坦那里，他

---

① 维特根斯坦：《逻辑哲学论》，贺绍甲译，北京：商务印书馆，1996年，第92页。
② 笔者此处所做分析，受到王路先生相关论著的启发。
③ 维特根斯坦：《逻辑哲学论》，贺绍甲译，北京：商务印书馆，1996年，第93页。
④ 维特根斯坦：《逻辑哲学论》，贺绍甲译，北京：商务印书馆，1996年，第93页。
⑤ 谢尔兹：《逻辑与罪》，黄敏译，上海：华东师范大学出版社，2007年，第4页。

对上帝的理解更接近《旧约》中的描述。而这，也恰好与维特根斯坦的犹太人身份紧密相关。谢尔兹指出："这不是和蔼可亲的父亲式的上帝，而是一个立法者，是可怕的、苛酷的、人类无法理解的、犹太先知的上帝。这个上帝审判个人、城邦和民族，以不可解释的方式任意地毁灭或保留它们。在逻辑语法不可测知的作用方式面前维特根斯坦所感到的局限性与依赖性中，在他所理解的这个世界的偶然性和无价值性中，可以发现可畏的审判的踪迹。"①

逻辑之绝对必然性的本质特征，决定了它内在的有限性。在某种意义上说，逻辑是狭窄的。但这似乎并非逻辑最主要的问题。黄敏不赞同谢尔兹通过上帝勾连逻辑与罪的努力。在黄敏那里，所谓的原罪根植于逻辑的内在结构之中。他在《维特根斯坦逻辑的原罪结构》一文中指出，思想的有限性不是原罪所在，思想的有限性与思想的自主性相加，才是真正起作用的原罪结构。理解这一点的思路是这样的：思想的自主性意味着思想不受其他东西的限制，思想就其自身而言是无限的，因此思想本身就要越界，思想注定要对自己作恶。这就是逻辑的原罪。

思想的自主性决定了它具有一种越界的冲动，这一点在维特根斯坦那里，表述为思想对逻辑和语言界限的冲撞。这样一种不受约束的"咄咄逼人"行为，正标识出思想的骄傲本性。而在耶路撒冷的传统中，骄傲是极大的罪行。因此，在笔者看来，黄敏的上述解释，的确有一种逻辑上的自洽性，而且在一定意义上也有道理。但我们不能因此否认维特根斯坦的思想与传统之间有着千丝万缕的联系，尽管这样一种联系可能并不是一种单纯的继承。

到了 1937 年，维特根斯坦在其笔记中写道："在我们对话的过程中，罗素经常要叫喊：'逻辑是地狱！'这完全表达了我们在思考逻辑问题时具有的

---

① 谢尔兹：《逻辑与罪》，黄敏译，上海：华东师范大学出版社，2007 年，第 49 页。

感觉。那是指，它们巨大的困难，它们的坚固和光滑的性质。"① 逻辑的坚固和光滑，正好标示出它严格的规定性和与经验无关的特征。而逻辑是地狱的比喻，表明逻辑所加之于思想的痛苦以及一种使人想要逃离的愿望。维特根斯坦在《哲学研究》中写道："愈细致地考查实际语言，它同我们的要求之间的冲突就愈尖锐。（逻辑的水晶般的纯粹原不是我得出的结果；而是对我的要求。）这种冲突变得不可容忍；这个要求面临落空的危险。——我们踏上了光滑的冰面，没有摩擦，因此在某种意义上条件是理想的，但我们也正因此无法前行。我们要前行；所以我们需要摩擦。回到粗糙的地面上来吧！"② 在这里，维特根斯坦呼吁摆脱逻辑的紧箍咒，而更多关注语言的实际用法。

四、结语

通过以上分析，我们可以将维特根斯坦思想之内在张力简述如下。从西方文化的大传统看，雅典与耶路撒冷的现代之争，在维特根斯坦身上有着生动而恰当的体现。因此，如果我们着眼于维特根斯坦整体的思想结构，就不能只对其哲学进行单纯的考察。本文提出了"两个维特根斯坦"，即区分犹太人维特根斯坦和哲学家维特根斯坦，应当是为此问题的深入考察，提供了一个基本的框架或标识。在维特根斯坦思想的内在结构中，逻辑与罪之间，形成了一种尖锐的冲突。逻辑的绝对性，正如上帝之绝对意志，在它之下，思想对逻辑和语言之界限的冲撞，正表明其骄傲的本性，而这正是一种极大的"罪行"。到后期维特根斯坦那里，思想与逻辑之间的尖锐对峙有所松懈，但这绝不意味着两者之张力的消失。

---

① 维特根斯坦：《维特根斯坦笔记》，许志强译，上海：复旦大学出版社，2008年，第52页。
② 维特根斯坦：《哲学研究》，陈嘉映译，上海：上海人民出版社，2005年，第54页。

维特根斯坦与自杀问题[①]

维特根斯坦出生于维也纳富商之家。但与我们普通人平素的想象不同，这个家庭的成员，似乎并未因拥有巨额的财富而过上舒适安稳的好生活。维特根斯坦的三个哥哥前后死于自杀，而维特根斯坦本人，也曾深切地思考过自杀问题，甚至在人生的某些阶段，曾徘徊在自杀的边缘。

维特根斯坦的人生际遇，与丹麦哲学家克尔凯郭尔的经历具有极大的相似性。而且，传记资料显示，维特根斯坦本人对克尔凯郭尔的思想有极大的兴趣。为此，他还曾设想过要专门学习丹麦语，以便更好地理解克尔凯郭尔的著作。

但无论是维特根斯坦还是克尔凯郭尔，他们对自杀及相关问题的深切思考，绝不仅仅是一桩私人性事件，反因其普遍的深刻性而具有思想史意义。在维特根斯坦那里，他对自杀问题的思考，始终与死亡、人生的意义及宗教信仰等紧密相关。正是这些问题，并未因技术的进步和经济的腾飞而消失，反而引发了现代人更深切的关注。

维特根斯坦的这一思想倾向，似与典型的分析哲学家形象有很大的不符。但或许正因这一神秘主义的因素，维特根斯坦的思想显得格外深刻。陈嘉映说："罗素很早就觉得维特根斯坦有神秘主义的倾向，后来断定他转变成为一个纯粹的神秘主义者。姑不论罗素这些私下的评价是否完全正确，维特根斯坦具有神秘倾向应无疑问，也许，这是使他的思想格外深刻的一个源

[①] 原载张庆熊、徐以骅：《基督教学术》（第十二辑），上海：上海三联书店，2015年。

泉,至少,这是维特根斯坦思想在广大读者中格外迷人的一个缘故。"①

一、死亡

在某种意义上,对死亡问题进行思考,是哲学最重要的任务。或许,在存在主义这一派的哲学家看来就更是如此。死亡问题之所以重要,是因为从哲学的角度看,死亡的深渊,让人类原本似乎坚实的生活,突然变得漂浮起来。而对于人来说,这种处于悬浮状态的虚空之感,是令人难以忍受的。用一个更常见的表达来描述这一状态即无家可归。所谓无家可归,事实上就是一种确定性的丧失,一种意义上的失落。

但在20世纪另一重要哲学家海德格尔看来,人因意识到死亡而产生的悬浮之感,不仅不是什么坏事,反而让人们有机会认清人生的本相,从而回归本真的自我。海德格尔认为,我们大部分常人的生活,是一种角色性的生存方式。而在角色性的生存中,本真的自我失落了,每个人似乎都成了一个可被他人随时替代之物。但当人意识到自身的有限性或必死性时,他才有可能找到真实的自我:在面对死亡之时,"我"是一个不可替代的个体,没有人能代替"我"去死。但对于任何有生命的个体而言,死亡总是处于未来时,一旦成为现在时,个体也就不存在了。海德格尔认为,尽管如此,人还是可以通过思考的方式,先行到死亡中去,去直面自身终有一死的必然性。

维特根斯坦对死亡的思考,与海德格尔不同。概而言之,他有这样几点看法:一是死亡不是生命中的任何事件,这就意味着,对个体而言,死亡总是将来的事件;二是惧怕死亡,是坏生活的标志,因为这意味着人们尚不能以正确的方式看待死亡和生活的关系;三是关于死亡问题,或者换句话说,人生之谜的解答,不是一个自然科学的问题;四是哲学也无法在肯定的意义上,为死亡问题提供答案,但它或许可以在否定的意义上,消解这个问题,因为人生种种困惑的产生,恰与我们不正确地看待世界有关。因此,最终的

---

① 陈嘉映:《语言哲学》,北京:北京大学出版社,2003年,第151页。

解决办法不是回答问题,而是取消错误问题。

在本文接下来的部分,我们将引证相关文本,较为细致地讨论维特根斯坦有关死亡问题的种种看法。早期维特根斯坦指出:

> 死亡不是生命中的任何事件。它并不是世界中的任何事实。①
>
> 同样地,在死这一点上,世界不是改变,而是终止。(6.431)②
>
> 死不是生活里的一件事情:人是没有经历过死的。
>
> 如果我们不把永恒性理解为时间的无限延续,而是理解为无时间性,那么此刻活着的人,也就永恒地活着。
>
> 人生之为无穷,正如视域之为无限。(6.4311)③

我们大致可以看出,早期维特根斯坦强调这样几点。一是正如我们上面已提及的,他认为死亡不是生命或生活之中的一个事件。而之所以这样说,因为他是从个体的角度出发,认为人的死亡总是处于将来时;而生活之中他者的死亡,对于"我"来说,是第三人称的。二是死亡是世界之外的,它不是世界之中的任何事实。因为对个体而言,死亡一旦来临,他的世界不是改变,而是终止;三是人之生命的永恒性,绝不意味着时间的无限延续,因为那是指永远,而永远是不可能的。永恒的意思,是"无时间性",即超出了时间。只要我们以超越时间的眼光看,此刻活着的人,就永恒地活着。正所谓刹那即永恒。而要达到这样的状态,关键的问题是转换视角,即以超出时间的无限的眼光看。

关于死亡与生活的关系,维特根斯坦写道:

> 惧怕死亡是错误的,也即坏的生活的最好的标志。
>
> 如果我的良心使我心绪不宁,那么我便与某种东西发生了不一致。但是,这种东西是什么?它是世界吗?

---

① 维特根斯坦:《战时笔记:1914—1917年》,韩林合编译,北京:商务印书馆,2005年,第222页。
② 维特根斯坦:《逻辑哲学论》,贺绍甲译,北京:商务印书馆,1996年,第103页。
③ 维特根斯坦:《逻辑哲学论》,贺绍甲译,北京:商务印书馆,1996年,第103页。

> 如下说法毫无疑问是正确的：良心就是上帝的声音。①

我们在上面已提及，惧怕死亡，是因为我们不能以正确的眼光看待死亡。在这里，维特根斯坦接着讨论了良心的问题。事实上，我们知道，良好的生活一定与良心有关；一个经常良心不安的人，我们很难说他的生活是良好的。但在这里，问题的关键在于，维特根斯坦并不将良心视为我们内心共有的知识，指导我们做人做事；而是认为良心即"上帝的声音"。由此我们可以看出，维特根斯坦关于伦理生活的思考，更多考虑到宗教信仰的因素。而且他认为，他良心上的不安，源自他对上帝声音的背离。而解决这一问题的唯一方法，即相信上帝的真实性②，并努力与上帝取得一致。

维特根斯坦还讨论了灵魂不朽的问题：

> 不仅人的灵魂在时间上的不灭，或者说它在死后的永存，是没有保证的；而且在任何情形下，这个假定都达不到人们所不断追求的目的。难道由于我的永生就能把一些谜解开吗？这种永恒的人生难道不像我们此刻的人生一样是一个谜吗？时空之中的人生之谜的解答，在于时空之外。（所要解答的肯定不是自然科学的问题。）（6.4312）③

我们知道，康德在其伦理学中，认为要确保德福一致，需要预设三个前提：上帝存在、灵魂不朽和自由意志。上帝的存在使其作为公平无偏的审判者，来对人的罪恶和善行进行最终的裁决。灵魂不朽的设定，使得人们并不因为肉身的损毁或死亡，而免除伦理的审判。自由意志的问题，这里姑且不论。但我们看到，在这里维特根斯坦认为灵魂不朽是没有保证的。他还认为，即使灵魂不朽，似乎也无助于我们解开人生之谜。"时空之中的人生之

---

① 维特根斯坦：《战时笔记：1914—1917年》，韩林合编译，北京：商务印书馆，2005年，第223页。

② 奥特认为："谁真正相信上帝的真实性，谁也就相信，他自己的人性的存在，以及所有人的人性的存在在内在深处为上帝所决定。"参见奥特：《不可言说的言说：我们时代的上帝问题》，林克、赵勇译，北京：生活·读书·新知三联书店，1994年，第3页。

③ 维特根斯坦：《逻辑哲学论》，贺绍甲译，北京：商务印书馆，1996年，第103页。

谜的解答，在于时空之外。"时空之外，这就不是人所能企及的了。在维特根斯坦那里，自然科学研究世界之内的事实，但人生之谜在世界之外，因此，即使我们解决了所有的科学问题，仍未触及人生之谜。

而且，人生之谜的问题，也不是哲学所能解决的。在维特根斯坦那里，他对哲学的奇怪态度，也颇为论者所关注。有的学者指出："哲学问题在维特根斯坦这里的独特地位类似于罪与邪恶在奥古斯丁那里的地位——尽管它们在来自上帝的终极事物图景中没有地位，但由于代表着人类意志的刚愎自用而不容忽视。"① 他还说："维特根斯坦一方面认为哲学问题没有任何真正的实质内容，另一方面又仍然认为哲学问题是深刻而重要的，这种矛盾来自于他的这一观点：使哲学问题重要的并不是它们自身有份量，而是因为它们强有力地控制着人们。"②

这就是说，在维特根斯坦那里，哲学并不具有终极意义上的重要性。但在这种情况下，维特根斯坦仍然看重哲学，因为在他看来，哲学是人类刚愎自用的结果，它强有力地控制着人们的思维方式。而要在根本意义上解答人生之谜，重要之处，即在于思维方式的改变。而一个人的思维方式，总与他对语言的使用相关，因此，维特根斯坦认为，哲学的主要工作在于语言批判。而批判的结果，不是对问题的回答，而是对问题的取消。维特根斯坦说："人生问题的解答在于这个问题的消除。"（6.521）③ 从这个角度看，哲学在一定的意义上，仍有其重要性。

二、自杀

自杀是一种特殊的死亡形式。之所以特殊，是因为大部分生命的终结，都并非自杀的结果。在很多人那里，死亡是自然的结果，而这里的"自然"，包括衰老、疾病、瘟疫以及人生中的种种不测。自然的死亡没有伦理问题，

---

① 谢尔兹：《逻辑与罪》，黄敏译，上海：华东师范大学出版社，2007年，第99页。
② 谢尔兹：《逻辑与罪》，黄敏译，上海：华东师范大学出版社，2007年，第96页。
③ 维特根斯坦：《逻辑哲学论》，贺绍甲译，北京：商务印书馆，1996年，第104页。

因为在这一死亡形式中，并无自由意志的因素存在。也就是说，自然的死亡对个体而言，是一种猝不及防的必然，而绝非他自身选择的结果。既然没有以自由意志的选择为前提，则无所谓道德责任的问题，康德对此有清楚的论证。

在基督教伦理中，自杀问题之所以如此突出，是因为涉及对生命的理解。事实上，我们如何理解生命，与我们对生命来源的认识密切相关。比如，在自由主义者看来，个体对其生命拥有绝对权利，或可表述为自我所有权，是神圣不可侵犯的。但这里的神圣不可侵犯，是针对他者而言的，就是说，任何一个他者，无论他拥有多大权势和多少财富，都无权损害和剥夺一个人的生命——无论这个人的社会地位多么卑贱。这里的问题是，在一个自由主义者看来，一个人是否有绝对的权利处决自己的生命？比如说自杀。尽管在这个问题上，自由主义和社群主义有诸多争论，但自由主义的大致立场应当是清楚的，即一个人选择自杀，的确不值得鼓励，却不能因此说他在道德上有错。之所以如此，大概是人们认为一个人选择自杀，一定有他的理由，而这个理由，不一定为我们所知。更深一层的道理是自由主义者认为，一个人对他的生命，有最终的处决权；他选择以自杀的方式结束自己的生命，"我"可能并不认同，但"我"没有反对的理由。而"我"所能做的最善意的举动，可能就是尊重他做出的选择。

但基督教的伦理对生命的理解，与世俗化的自由主义又有极大的不同。在基督徒看来，人为上帝所造，他生命的来源，只能是唯一的上帝。因此，人并非是其自身生命的所有者。人之生命的绝对主权，归于上帝，而父母的责任，也不过是托管。如此一来，既然个体生命的绝对主权在上帝手中，则无论生死，都由上帝安排；生亦有时，死亦有时，我们自己无权过问。在这样的前提下，一个想要自杀的人，意味着想从上帝手中夺权来处置自己的生命。而如果一个人有权处置自己的生命，则无疑是说，他是他自己的上帝；或者说在生命的问题上，他想扮演上帝的角色。而这无疑是一种狂妄自大的表现，是一种极大的罪行。正是在这个层面上，我们才能更好地理解维特根斯坦对自杀的谈论。在 1917 年 1 月 10 日的日记中，维特根斯坦这样写道：

> 如果自杀是允许的，那么一切都是允许的了。
> 如果什么东西是不允许的，那么自杀就是不允许的。
> 这点澄清了伦理学的本质。因为自杀可以说是基本的罪孽。
> 在人们研究它时，这就像为了了解蒸汽的本质而去研究汞气一样。
> 或者，自杀就其自身而言不也是既非善的也非恶的吗！①

在笔者看来，这是解读维特根斯坦伦理思想的一个关键性的段落。这段话之所以重要，是因为它至少显示出这样两点意思。其一，在维特根斯坦的理解中，自杀意味着一种极大的罪。有学者指出："我们已经考虑过不服从的可能是最纯粹的形式——自杀，并把它理解成过分的傲慢和对上帝意志的权威性的整体否定。这一直是维特根斯坦心目中的罪的最基本意义。"② 其二，伦理学必须为人类的生活提供绝对的价值尺度。有学者指出："对维特根斯坦来说，伦理学仍然必须反映关于价值的绝对判断，换言之，它必须反映像'上帝意志'这样的东西。这当然使我们回想起陀思妥耶夫斯基的观念——如果没有上帝，一切都是允许的。如果没有什么东西有内在的或绝对的价值，那么一切都相对于先已建立的目标和标准，于是就根本不会提到任何价值。因此，为了反映真正的价值，伦理学必须具备'绝对的判断所具有的强制力量'。"③

沿着以上思路，我们可对维特根斯坦的话语做进一步的分析。如果自杀是允许的，那么以基督教的伦理来看，则意味着人从此之后，对生命有了生杀予夺的权力。而且，这样一种权力是可以扩展的，即从"我"这一个体开始，拓展到无数多的他者。而这样的"推论"之所以不被允许，是因为以基督教伦理来看，生命是至高无上的，除了上帝，谁都无权损毁。因此，

---

① 维特根斯坦：《战时笔记：1914—1917 年》，韩林合编译，北京：商务印书馆，2005 年，第 253 页。
② 谢尔兹：《逻辑与罪》，黄敏译，上海：华东师范大学出版社，2007 年，第 103 页。
③ 谢尔兹：《逻辑与罪》，黄敏译，上海：华东师范大学出版社，2007 年，第 68 页。

"……自杀是绝对不允许的,它是一种最严格意义上的'基本的罪孽',因为它毁灭了上帝给予人的生命"①。

关于自杀问题,除了从基督教伦理的角度展开讨论,我们还可从存在论的角度对其进行必要的分析。黄裕生指出:"对于我的存在,'我'(意识)不能想怎么对待就怎么对待,想怎么处理(如自杀)就怎么处理,而必须确认与尊重它的神秘性(不可被意识穿透)与神圣性('多于'、'大于'意识)。在这个意义上,真爱自己,必须确认并尊重自己为一个他者。"②

这一从存在论角度出发的分析,在不预设任何形而上学前提的情况下,强有力地论证了生命的神圣性。正因为生命是神圣的,因此作为一个有限性的个体,人没有权力来损毁任何一个生命。进一步分析说,人之有限性决定了他既无法完全用意识把握他者,也无法用意识把握自身。从这个角度讲,对有限的个体而言,无论是他者还是自身,都有某种难以完全把握的神秘性和神圣性。在此情况下,人无权随意处置他者和自身,这是最基本的伦理要求。以此标准来看,作为随意处置自身的极端行动,自杀当然是不可取的。

有关自杀,维特根斯坦还曾谈道:"随便谁,只要他想象自杀行为实际牵扯的东西,就知道自杀总是一股为自己辩护的急切冲动。"③ 这样一种理解,显示出维特根斯坦对人之生存处境的深刻洞察。但无论如何,正如维特根斯坦的朋友伊格尔曼所认为的:"自杀一定是个错误。只要活着,一个人永远不会完全迷失。但驱使人自杀的是对自己完全迷失的恐惧。根据已谈到的观点,这种恐惧没有根据。在这种恐惧里,一个人做了他能做的最坏的事,他剥夺了自己的时间,在那时间中他本可能逃离迷失。"④ 依伊格尔曼的观点,对完全迷失的恐惧,促使人选择自杀。但这一恐惧之所以没有道

---

① 韩林合:《〈逻辑哲学论〉研究》,北京:商务印书馆,2007年,第663页。
② 黄裕生:《宗教与哲学的相遇——奥古斯丁与托马斯·阿奎那的基督教哲学研究》,南京:江苏人民出版社,2008年,第56页。
③ 转引自瑞·蒙克:《维特根斯坦传:天才之为责任》,王宇光译,杭州:浙江大学出版社,2011年,第191页。
④ 转引自瑞·蒙克:《维特根斯坦传:天才之为责任》,王宇光译,杭州:浙江大学出版社,2011年,第191页。

理，是因为人之存在本身，即表明所谓完全的迷失不可能存在。

正如上面已简单提及的，维特根斯坦关于自杀的讨论，表明了他对伦理学性质的一种理解。从历史的角度看，古希腊人有关伦理学的讨论，基本将其视为一种幸福生活指南。但在基督教的文化传统中，伦理学则一定是一种罪责伦理学①，它必定考虑人之罪责问题。维特根斯坦对伦理学性质的理解与基督教传统对伦理学的理解，有极大的一致性。

三、意义

维特根斯坦对死亡及自杀问题的思考，与其对宗教信仰的反复思考相连，但在根本的意义上，都是为了解决一个困惑，即人生的意义问题。促使维特根斯坦思考这一问题的原因可能有很多，除来自家庭的影响，还有战争、阅读以及他本人忧郁的性格。在下面的论述中，我们先大致讨论一下，关于生活意义的追问如何可能。

我们在不同的层面上生活。在一般的意义上，我们不假思索地生活，"盲目"地投身于生活，在生活中感受大大小小的痛苦和快乐。在这样一个层面上，生活中大大小小的事件都是有意义的。早上，我们慌忙起床，为了上班或送孩子上学；我们在工作单位低调做人，希望有好的工作关系和稳定的收入；然后盼着孩子健康成长，先上一所好中学，接着上一所名牌大学，过上让人满意的生活。生活中诸如此类的大小事件，一件接着一件，一桩连着一桩，它们共同编织成一张网，让人忧心但又很充实。在这一层面上，生活对我们来说是一阶的。

但我们与生活的关系，绝不止于这一层面。托马斯·内格尔指出："虽然我们在生活中所做的大大小小的事，大都可以合情合理地加以解释和说明，但是用这种方式，却无法解释作为整体的生活。如果你把生活作为一个

---

① 克尔凯郭尔说："忽略罪的伦理学是一门完全无用的学科。"参见克尔凯郭尔：《恐惧与颤栗》，刘继译，陈维正校，贵阳：贵州人民出版社，1994年，第71页。

整体加以思考，看起来它根本就没有意义。"① 事实上，人生意义的问题，正是在这一二阶的层面上才能得以展开。或许，在某一天中的某一时刻，我们会问自己，哪怕生活中这些鸡零狗碎的事情似乎都是有意义的，但作为生活的整体，到底有什么意义呢？托马斯·内格尔认为，"生命的意义问题其实就是动机层面上的一种形式的怀疑论"②。这就是说，对于生活整体性意义的怀疑和追问，让我们似乎坚实的生活，一下子摇晃了起来。

有问题就有回答。一种可能的回答是：个体性生活的意义，的确相当稀薄，但如果我们将自己有限的生命，融入无限的为社会服务的事业中去，生活就有意义了。胡适认为，这大致可算一种社会不朽论。在中国的传统中，还有一种更深入人心的解决方案，即将个体性生活的意义，诉诸族群的历史。"留取丹心照汗青"，这让我们个体卑微的生存，似乎获得了丰厚的意义。但我们可以接着问，即使你的功名被载入史册，又有什么意义呢？人类的历史即使以万年计，与浩渺无垠的万里长空相比，岂不也是短暂一瞬？我们甚至可以设想，或许在未来的某一天，整个人类或地球，都在某一场灾难中毁于一旦，所谓族群的历史不也灰飞烟灭了吗？在这个时候，我们再来追问，面对亘古如长夜的辽阔宇宙，我们作为卑微的个体，所谓生活的意义到底在哪里？

如此追问下去，讨论所谓生活的意义，大致只能归之于无。但我们不应忘记，我们得出这一结论的前提，在于预设了一个大的时间尺度，和一个旁观者的视角。也就是说，我们对大尺度未来的描述是想象性的。程炼在《生活的意义》中写道："绝对的客观视角，一个从宇宙之外观察整个宇宙的角度，在我看来，是一种错觉，至少是一个虚构。"③ 也就是说，我们无法完全脱离自身的生存境遇，以"上帝"之眼观照历史和未来。

我们对于人生意义的寻求，总在我们的人生之内。托马斯·内格尔指

---

① 托马斯·内格尔：《你的第一本哲学书》，宝树译，北京：当代中国出版社，2005年，第122页。
② 托马斯·内格尔：《本然的观点》，贾可春译，北京：中国人民大学出版社，2010年，第251页。
③ 叶朗：《文章选读》，北京：华文出版社，2012年，第175页。

出:"如果说我们所做的事情有什么意义的话,我们也要在自己有限的生命中去寻找。"① 脱离有限的生命去寻求所谓生命的意义,不过是缘木求鱼。

而且,我们对人生意义的讨论,无法不考虑时代的因素。在一般的看法中,现代人似乎格外缺乏意义。陈嘉映说,古人可能缺衣少食,独不缺意义,因为他们生活的世界,是圆整而自足的;现代人则不然,衣食无忧不算难,却时时感到生活没意思。对此,伊格尔顿也曾指出:"现代主义思想的标志性特征是一种信念,认为人的存在是偶然的——没有根基、没有目标、没有方向、没有必然性,人类本来很有可能从未出现在这颗行星上。这种可能性掏空了我们的现实存在,投射出恒常的失落和死亡的阴影。即使是狂喜的时刻,我们也颓丧地知道脚下的根基宛如沼泽——我们的身份与行为缺乏牢固的基础。这可能让我们的美好时光变得更加珍贵,也可能让它们变得毫无价值。"②

从这个角度看,现代人面对的,正是一个后形而上学的世界。在这个世界之中,绝对的意义似乎被掏空了,但人们又无法生活在一个全然相对主义的世界中。维特根斯坦对人生意义问题的思考,正在这一时代矛盾的背景中展开。在其早期的笔记中,他这样写道:

> 买了《尼采全集》第8卷,阅读了它。他对基督教的敌视态度深深地触动了我。因为他的著作还是包含着一些真理的。毫无疑问,基督教信仰是通向幸福的唯一可靠的路径。但是,如果一个人鄙弃这种幸福,情况又会怎么样?!这样做难道不可能更好吗?——在与外部世界的毫无希望的斗争中不幸地走向毁灭?但是,这样的一种人生是没有意义的。但是,为什么不能过一种无意义的生活?它不体面吗?它如何与严格的唯我论的立场调和起来?但是,为了不丧失我的生命,我必须如何

---

① 托马斯·内格尔:《你的第一本哲学书》,宝树译,北京:当代中国出版社,2005年,第122页。

② 特里·伊格尔顿:《人生的意义》,朱新伟译,南京:译林出版社,2012年,第13页。

做？我必须总是想着它——总是想着精神。——。①

这里的问题在于，对西方人而言，上帝的存在曾为他们的生活提供了绝对的价值尺度和意义来源。但在现代性的思潮之中，传统的信仰遭到怀疑，正如尼采所宣称的：上帝死了。在这里，维特根斯坦一方面感到基督教信仰是通向幸福的唯一可靠的路径，另一方面，又为尼采敌对基督教的态度所触动。这样一种矛盾的态度，恰恰表明了现代人一种普遍的心态，即旧有的精神世界崩塌了，但没有一种可信的凭靠，我们如何过一种有意义的生活？没有意义的生活，有可能进行得下去吗？维特根斯坦的困惑，也正是现代人的困惑。

但无论维特根斯坦对宗教信仰抱有多大的尊敬，他最终似乎认为，现代人是回不去的。关于维特根斯坦与宗教，韩林合指出："维特根斯坦实际上将宗教现代化了。"② 也就是说，维特根斯坦是在现代性的境遇之中来思考宗教信仰问题的。因此，他对宗教信仰的理解，就与传统的宗教信仰有所不同。这里的问题还在于，在现代人看来，传统宗教提供的绝对意义，事实上不过是一种形而上学的独断论。这样一种观点，在现代性的视阈之中，似乎是不值得被信仰的。伊格尔顿指出："宗教原教旨主义有一种神经质似的焦虑，觉得如果没有一种所有意义背后的终极意义，意义就根本无以立足。这不过是一种轻率的虚无主义。这种想法的实质是，总觉得人生像纸牌搭建的房子一样：轻轻弹开底部的那一张牌，整个脆弱的结构便会散落。这么想事情的人不过是一种象征说法的囚徒。"③

如此，我们可以说，固然人生不再有一个唯一确定的目标，但这并不表明，人生就是毫无意义的。人生的意义不再是给予的，而是我们在追寻之

---

① 维特根斯坦：《战时笔记：1914—1917年》，韩林合编译，北京：商务印书馆，2005年，第88—89页。
② 韩林合：《维特根斯坦的宗教观》，载《外国哲学》（第十四辑），北京：商务印书馆，1998年，第329页。
③ 特里·伊格尔顿：《人生的意义》，朱新伟译，南京：译林出版社，2012年，第44页。

中，不断地创生出来的。正如伊格尔顿所言："我们至少可以肯定，意义总是越挖越多。逻辑上不可能有一个终极意义，一个终结所有阐释的意义，因为它本身也需要阐释。既然一个符号的意义来自于它与其他符号的关系，那么，就不会有一个终极的符号，正如不会有一个终极数字，或终极之人。"①

四、结语

通过以上简要论述，我们大致可以看出，维特根斯坦对自杀问题的讨论，与其对死亡、人生的意义及宗教信仰的深刻思考密切相关。在他将自杀视为一种基本的罪的意义上，他接受了基督教的伦理观。而且，他认为，一种无罪的伦理学，是没有意义的。在这个层面上，他对伦理学的看法，与希腊人将伦理学视为幸福生活指南的观点，有极大的不同。尽管如此，正如马尔康姆所言，我们不能说维特根斯坦完全接受了基督教信仰。因此，他在人生意义问题上的困惑和挣扎，其实正是我们现代人普遍面临的一个问题。尽管对此问题，维特根斯坦似乎并未提供一个最终答案，但我们可以从他对相关问题的思考之中，获得极大的启发。在我看来，这正是我们研究维特根斯坦与自杀问题的最大的意义。

---

① 特里·伊格尔顿：《人生的意义》，朱新伟译，南京：译林出版社，2012年，第61页。

维特根斯坦与音乐①

今天，在主流的哲学论述中，维特根斯坦哲学仍作为分析哲学的重要内容被反复讨论，这当然有其道理。但随着研究和理解的深入，人们对维特根斯坦的认识，却绝不限于将其看成一个单纯技术性的哲学家。其实，早在20世纪80年代，就有学者指出："维特根斯坦没有直接提供社会学和历史哲学，但是如果离开社会学和历史哲学去理解和解释他的逻辑语言分析，便会使他的全部哲学失去精神和灵魂，使之成为单纯的技术科学，成为一种浅薄的哲学。"② 应该说，人们在今天对这一研究思路，已经有了较以往更深切的体会。因为，人们对维特根斯坦的探讨，已涉及其思想的方方面面，而不只是从"社会学"和"历史哲学"的角度进行扩展研究③。

在丰富而多样化的研究中，东西方学者对维特根斯坦与艺术的关系，也进行了多方面的探讨。而本文的视角，则是从西方文化的深层背景出发，聚焦维特根斯坦与音乐的关系。

一、眼睛与耳朵

在一个相当广阔的视野中，人们常把西方文化看作希腊和希伯来文明冲

---

① 原载刘光耀、章智源：《神学美学》（第六辑），上海：上海三联书店，2018年。
② 薛华：《维特根斯坦论审美》，载《外国美学》编委会编：《外国美学》（第二辑），北京：商务印书馆，1986年，第216—217页。
③ 参见张志林、程志敏：《多维视界中的维特根斯坦》，郝亿春、李云飞等译，上海：华东师范大学出版社，2005年；约翰·吉布森、沃尔夫冈·休默：《文人维特根斯坦》，袁继红等译，长春：吉林出版集团有限责任公司，2008年。

突和融合的结果。对这一西方文化内部的基本冲突,人们也常用两个城市的名字来做代表性论述:雅典与耶路撒冷。雅典代表希腊,是理性的象征。耶路撒冷代表希伯来,是信仰的象征。从这一角度看,西方文化内部的基本冲突与矛盾,也可表述为理性与信仰之争。两者持续争执的结果,就是在一定程度上产生了融合。但融合并未消弭争执,正如争执也不能阻止一定程度的融合。

西方文化中这一基本而内在的矛盾关系,也可从另外的角度进行表述。有西方学者以人的感官为喻体,指出希腊是"世界的眼睛",而以色列则是"世界的耳朵"①。这样一种表述之所以重要,是因为它可以引导我们对西方文化开展深入探讨。

希腊文化是一种"看"的文化。这一文化高度发展的结果,是产生了哲学-科学传统。之所以如此,是因为人类的眼睛这一感官,其认知性功能相当突出。海德格尔指出:"一般的感觉经验都名为'目欲',这是因为其它的感官,出于某种相似性,也拥有看的功能;在进行认识的时候,眼睛有着某种优先性。"②而科学的目的,正在于"认识",追究世界是什么,认识我们自己。与其他感官相比较,视觉功能具有相当高的稳定性,正如陈嘉映指出的:"看格外理智、理性。"③ 而"看"的理性,恰好与科学精神相契合;或者不如说它就是科学精神的"根源"。科学回答"是什么"的问题,哲学则进一步追问"是"之根据。但这一追问行为本身,仍以"看"为中心。海德格尔曾说:"哲学的传统一开始就把'看'定为通达存在者和通达存在的首要方式。"④

希伯来文化则是一种"听"的文化。有的学者曾指出:"犹太文化可理

---

① 沃尔夫冈·韦尔施:《重构美学》,陆扬、张岩冰译,上海:上海译文出版社,2002年,第220页。
② 海德格尔:《存在与时间》,陈嘉映、王庆节译,北京:生活·读书·新知三联书店,2006年,第199页。
③ 陈嘉映:《说理》,北京:华夏出版社,2011年,第161—162页。
④ 海德格尔:《存在与时间》,陈嘉映、王庆节译,北京:生活·读书·新知三联书店,2006年,第171页。

解为一种听觉的文化。"① 而音乐之所以在犹太文化及后来的基督教文化中占有主导性地位，一种可能的解释是源于它们的宗教教义。犹太-基督教反对偶像崇拜，而一般人所崇拜的对象，又多为目力所及之物，也就是肉眼看得见的东西。在这个意义上，有的中国学者指出："眼睛是求知的首要器官（亚里士多德），也是最不虔敬的器官（奥古斯丁）。"② 如此，我们可以说希腊文化是一种科学文化，而希伯来文化则是一种信仰文化。

一种文化的总体取向，往往渗透于其所在社会的各个领域。艺术作为文化之一种，自然也不能例外。有的学者指出："在犹太文化中，摩西律法反对偶像崇拜的思想可以说是犹太审美理想的主要特征，并制约着犹太艺术活动的各个领域。"③ 事实上，犹太文化的听觉取向，表现在艺术上，就是对音乐的绝对看重。而且，这种对音乐的绝对看重，又总是与宗教信仰联系在一起。又有学者指出：

> 从古至今，宗教与音乐有着一种无法分离的血缘关系。灵性是看不见的，上帝也是看不见的，但它们都是可以听见的。宗教音乐，或者说"圣乐"所传达的宗教情感，关乎的正是死亡、恐惧、痛苦、悲伤、绝望、永生等心灵问题。心灵总是想得到永恒，总是想飞向天国。④

交代了以上文化背景，我们再来看维特根斯坦。维特根斯坦出生于"音乐之都"维也纳，尤为重要的是，他的家庭中有着浓郁的音乐氛围。他的母亲就是一位音乐修养颇高的女性，常邀请当时著名的音乐家到家中做客、演奏。在这样的家庭氛围中，维特根斯坦的几个哥哥，都曾痴迷于音乐，且具有极高的天赋。相较而言，至少在年纪较小时，维特根斯坦并未像他的哥哥

---

① 沃尔夫冈·韦尔施：《重构美学》，陆扬、张岩冰译，上海：上海译文出版社，2002年，第220页。
② 刘云卿：《论博尔赫斯作品中的性、失明与巴洛克风格》，《吉首大学学报》（社会科学版），2010年第5期，第89页。
③ 刘洪一：《犹太文化要义》，北京：商务印书馆，2004年，第329页。
④ 欧阳谦：《圣乐与灵性——论巴赫的宗教音乐》，《文景》，2010年第5期，引用地址：http://www.douban.com/group/topic/11588113/，2010-5-26。

们一样表现出音乐天赋。尽管如此，音乐在维特根斯坦的生命中仍占有极其重要的地位，他在笔记中经常记下对音乐的看法，且在后来学会了吹奏单簧管。

但这只是就一般意义上而言的，如果我们将维特根斯坦的整体思想，放在如上所述西方文化的深层背景中来看，或许将有益于我们更深刻地理解他的思想。对于中国学者而言，这一点可能尤为重要，因为我们对一位哲学家的理解，如果脱离了滋养他的思想和文化传统，则可能会因种种误解而流于表面。

维特根斯坦哲学与源自古希腊科学文化传统的联系是显而易见的。他本人早年曾学习技术和数学等，从他的哲学看，其早期思想师承弗雷格和罗素，而这两位都是数学家和逻辑学家。《逻辑哲学论》之所以取得巨大的成就，与作者对现代逻辑方法的运用不无关系，而一般认为，现代逻辑鲜明地体现了理性的精神。

本文所要强调指出的，却是维特根斯坦与希伯来文化的联系，并通过这一视角，试图加深我们对维特根斯坦哲学之深层精神维度的体会和把握。这一联系，具体体现在他与音乐的关系上。如此，维特根斯坦与音乐的关系，就绝不只是一位哲学家对艺术的单纯爱好，而是与其对宗教信仰的深刻思考密切相关。

维特根斯坦是一名犹太人，且在笔记中写下了对犹太人问题的若干评论。其中一条是："犹太人是一片贫瘠的土地，但在它单薄的石层下面，流淌着精神和智慧熔化的岩浆。"① 他说犹太人是"贫瘠的土地"，似乎是在说这个民族漂泊无根的命运。尽管如此，在犹太人深层的精神之海中，仍流淌着智慧的岩浆。而这一智慧的来源，一定与他们内心深处的宗教信仰相关。如此看来，作为犹太人的维特根斯坦，对音乐的谈论就绝不只是表达一种单纯的感受，而是有其信仰的维度。而且，这一深层的精神背景，也鲜明地体

---

① 维特根斯坦：《维特根斯坦笔记》，许志强译，上海：复旦大学出版社，2008年，第22页。

现在他的哲学之中。

二、哲学与音乐

音乐对维特根斯坦哲学的影响，鲜明地体现在其早期作品《逻辑哲学论》中。维特根斯坦的《逻辑哲学论》在结构上可谓别具匠心。全书讨论了七个命题，前六个命题都有相应的解释性命题，并以数字标示。唯有第七个命题，以一句话做结论，没有相应的解释。

关于《逻辑哲学论》最后几节的思想内容，有学者指出："《逻辑哲学论》后几节，往往被看作是受到叔本华的影响，事实上它直接归于毛特纳。维特根斯坦对自我、意志、语言的界限以及神秘之物的反思，都与毛特纳在他的《文集》中寻求的论题密切相关。《逻辑哲学论》结尾关于人们最终必须抛弃梯子的想象，就是直接借用毛特纳的。毛特纳在他《文集》第1卷的结尾预见到了维特根斯坦的结论：'对语言的批判，必须从作为自身解放的最高目标的语言中解放出来。因而，语言就成为哲学的自我批判。'"① 但无论是否同意这一看法，我们仍要指出的是，维特根斯坦对相关问题的处理，至少在形式上是相当独特的。

我们有理由认为，《逻辑哲学论》在结构上的独特性，一定是作者深思熟虑的结果。一种理解可能认为，这一结构上的精巧只是出于作者对技术之完美性的考虑。但更多的研究表明，《逻辑哲学论》的写作形式，本身就有其深刻的精神指向。而这一指向，与音乐和宗教信仰紧密相关。有的中国学者提道："据朗厄自己称，一家当年曾拒绝出版《逻辑哲学论》的著名出版社之所以不愿意出版他的著作，是因为他被怀疑为一个数字神秘主义者。事实上，他确实把'7'这个数字看得太神秘了。'7'这个数字在西方世界里自然会让人联系到音乐中的七个基本音符和《圣经》中的创世说。"②

---

① 汉斯·D. 斯鲁格：《弗雷格》，江怡译，北京：中国社会科学出版社，1989年，第393页。
② 李国山：《言说与沉默——维特根斯坦〈逻辑哲学论〉中的命题学说》，天津：南开大学出版社，2004年，第86页。

对这一问题，张志平首先从音乐的角度进行分析："'七'这个数字本身就会让人联想起音乐中最基本的七个音符。从其德语原文看，这七个命题中的前六个命题，不问内容，仅从形式上看，是环环相扣或首尾相连的，近似对联中的'顶针结构'；只是到了第七个命题，这种关联才被切断。原因在于，前六个命题从内容上看都与可说的事实世界有关，因此可以环环相扣，并层层递进，具有乐曲那样的连贯性和呼应性，而第七个命题则涉及到事实世界之外那不可说的东西，所以必须切断其与前六个命题的关联，并让文本到此戛然而止，就像乐曲中休止符所起的作用那样。"① 张志中沿着这一问题，指出从修辞学的角度讲，《逻辑哲学论》堪称"艺术作品"②，而这，正与弗雷格对此所做的评价一致。

张志平通过进一步分析认为，《逻辑哲学论》之音乐性的深层精神背景，正体现出维特根斯坦的宗教情怀。他在论文中指出："除了那些局部性的或零散的隐喻、明喻或类比外，在我们看来，《逻辑哲学论》全书的结构本身就具有隐喻性质。也就是说，为了体现自己的宗教情怀或者说自己对不可说者的信仰，他有意用全书的七个主要命题与上帝创造世界的七天相应和或使两者具有同构性。"③ 从这一角度考虑，《逻辑哲学论》就是维特根斯坦所写下的"圣经"。而他在该书序言中那决断的口气，无疑与上帝相似。

除了从总体上进行考虑，在《逻辑哲学论》一书中，维特根斯坦也以音乐为例，阐明他的哲学思想：

> 留声机唱片、音乐思想、乐谱、声波，彼此之间都处在一种图式的内在关系之中，这就是语言和世界之间具有的关系。

---

① 张志平：《论〈逻辑哲学论〉的节奏性、简单性与隐喻性：一种修辞学的解释》，《复旦学报》（社会科学版），2013年第3期，第134页。
② 张志平：《论〈逻辑哲学论〉的节奏性、简单性与隐喻性：一种修辞学的解释》，《复旦学报》（社会科学版），2013年第3期，第135页。
③ 张志平：《论〈逻辑哲学论〉的节奏性、简单性与隐喻性：一种修辞学的解释》，《复旦学报》（社会科学版），2013年第3期，第139页。

它们的逻辑结构都是共同的。① (4.014)

有一条总的规则，使得音乐家能从总谱读出交响乐，使得我们能够通过唱片的沟纹放出交响乐来，而且应用原规则还可以从交响乐重新推得总谱。这些看起来完全不同的东西之间的内在相似性正在于此。这条规则就是将交响乐投射到音符语言上去的投影法则，也是把这种音符语言翻译为唱片语言的规则。② (4.0141)

在维特根斯坦看来，音符和乐谱（或唱片的沟纹）虽是不同的东西，但因为它们具有共同的逻辑结构，因此有一种——对应的"翻译"关系。世界与语言的关系，与此极为相似。在这里，无论维特根斯坦所言是否完全正确，或我们是否同意他这一看法，不可否定的是，我们于此可以看出：音乐在维特根斯坦的精神生活中占有重要地位，以至于他在探讨哲学问题时，非常自然地借音乐来说明。

而且，我们在其后期的哲学探究中，仍能看到这种思考的方式。在《哲学研究》第二部分的第六小节，有几个段落这样论及音乐：

"如果"的感觉一定可以和一节音乐给予我们的特殊"感觉"相比较。（人们有时这样描述这类感觉："这里就像作了个结论"，或"我想说'因此……'"，或"一到这儿我就想做出一个姿势——"，于是就做了个姿势。）(10)

但可以把这感觉和这节音乐分开吗？但这感觉并不是这节音乐本身，因为有人可能听了这节音乐却没有这感觉。(11)

这感觉就此而论像不像伴随音乐演奏的"表情"呢？(12)

---

① 维特根斯坦：《逻辑哲学论》，贺绍甲译，北京：商务印书馆，1996年，第42页。
② 维特根斯坦：《逻辑哲学论》，贺绍甲译，北京：商务印书馆，1996年，第42—43页。

我们说这段音乐给了我们十分特殊的感觉。我们对自己唱这一段，同时做出某个特定的动作，也许还有某种特殊的感觉。但我们在另一种情境联系中却又根本认不出这些伴随活动——动作，感觉。只要我们不是在唱这个段落，这些伴随活动就十分空洞。

"我带着一种十分特别的表情唱这一段。"这种表情不是某种和那个段落分得开的东西。这是另一个概念。（另一个游戏。）（13）

这里所讲的经验是：如此这般来演奏这个段落（如此这般是说，例如像我演奏它那样；一种描述只能对它做出提示）。① （14）

维特根斯坦在这里，首先认为"如果"这一逻辑常项带给我们的东西，完全可以与一段音乐给予我们的感觉进行比较。接着他谈论音乐本身与它给予我们的感觉之间的关系，并将"感觉"视为一种伴随性的"表情"，这大致意味着"感觉"的伴生性。但一段音乐，并不必然能带给我们某种感觉。在这里，我们可以看到，维特根斯坦与自己早期不同，更多地考虑了心理学的问题，一些相关的表述也不甚清楚。但无论如何，这并不影响我们讨论其哲学与音乐的相关性。

维特根斯坦之所以对音乐看重，除了有宗教信仰上的原因，可能还有来自叔本华哲学的影响。有学者指出，在维特根斯坦与叔本华之间，有许多相似的地方："维特根斯坦之所以接受叔本华的影响，除了在某些哲学问题上持相同的观点外，也与他们二人在出身、经历、性格、生活方式、成长道理方面有许多相似之处有关。两人都出身于富商家庭，继承了一大笔遗产；两人都个性孤僻，喜欢到异乡旅游，过离群索居的生活；两人都怀有强烈的悲观情绪，多次想到自杀（叔本华的父亲和维特根斯坦的三个哥哥都是自杀身

---

① 维特根斯坦：《哲学研究》，陈嘉映译，上海：世纪出版集团、上海人民出版社，2005 年，第 218 页。

亡)。他们都崇拜柏拉图。"①

舍斯托夫曾指出,在叔本华的哲学中,"音乐远比逻辑的成分要更多一些"②。而之所以如此,是因为"在叔本华看来,其他艺术是凭借理念间接地和意愿打交道,而音乐跳过了理念、跳过了现实世界,是意愿的直接客体化,是意愿直接的倾诉"③。也就是说,在某些根本性的问题上,音乐的直接性正是其独特的优势所在。而且,"……按照叔本华的观点看来,每个人潜在地都是天才,能够创造出真正动人的东西,所以音乐绝不只是表现现象,而是说出现象的内在本质,也就是那最渴望着的意愿本身。它把平日制造痛苦的意愿冲动变成了凭空制造动人意义的机制,'化腐朽为神奇'。因此,音乐在根子上就是热情动人的,而且是严肃的,你能不能想象音乐本身是滑稽的?不可能,音乐不开玩笑"④。

音乐是对意愿(Will)的诉说,而意愿的创造正是天才的表征。从这个角度看,音乐在叔本华哲学的意义上,与天才相伴。而我们知道,在维特根斯坦那里,有一个痛苦的天才之梦。因为在他看来,若不能成为一个天才,人生就很难说是有意义的。从这个角度看,维特根斯坦严肃的人生态度,可能正与其想成为一个天才的梦想有关。

三、灵魂与音乐

在其笔记中,维特根斯坦前前后后写下了大量关于音乐的评论。其中既有对具体音乐家和具体作品的欣赏,也有对音乐本质的深刻思考。而在众多评论之中,有一段颇能代表他对音乐的总体性看法,或者至少从本文的角度出发,此段具有提纲挈领般的意义:

---

① 涂纪亮:《维特根斯坦后期哲学思想研究》,南京:江苏人民出版社,2005年,第381页。
② 列夫·舍斯托夫:《旷野呼告 无根据颂》,方珊、李勤、张冰等译,上海:上海人民出版社,2004年,第282页。
③ 张祥龙:《叔本华、尼采与音乐》,载文池:《在北大听讲座(第九辑):思想的精髓》,北京:新世界出版社,2002年,第27页。
④ 张祥龙:《叔本华、尼采与音乐》,载文池:《在北大听讲座(第九辑):思想的精髓》,北京:新世界出版社,2002年,第28—29页。

音乐中具有灵魂的表现形式，它不是依据声音的大小或演奏的速度来标识的。就跟一种具有灵魂的面部表情一样，也不仅仅是依据空间的物质分布便可以描绘出来的。事实上它甚至不能参考某个范例来加以解释，因为，同样的曲子在演奏时，可以有无数的方式进行真正的表达。①

简而言之，在维特根斯坦看来，音乐是灵魂的表现形式。而且这种表现形式极具多样性和丰富性。从这一角度，我们即可看出，音乐是如此紧密地将上帝和人的灵魂连接在一起。有学者指出："宗教因为有音乐而直达上帝，音乐因为有宗教而滋养灵魂。人的灵性就这样寄生在宗教和音乐的中间。"②

关于音乐的本性，维特根斯坦还有一些评论。比如他指出："一首乐曲是一个同语反复式，它是自成一体的，它自己满足自己。"③ 说一首乐曲是"同语反复""自成一体"的，并非意味着他认为音乐是单调的，而是想强调音乐的超验性以及它那空灵自如的本性。他还说："乐曲也并非如所有不懂音乐的人所认为的那样是声音的杂凑。"④"有些人认为音乐是一种原始的艺术，理由是它只有几个音符和节拍。然而，音乐只是表面上显得简单而已，它显示的内容是由音乐的实体来诠释的。从另一个方面讲，音乐的实体包罗着无限的复杂性，其他种类的艺术用各种外部的形式来提示这种复杂性，而音乐却将其隐匿起来。由此可见，音乐是一种最为成熟和精微的艺术。"⑤ 维特根斯坦此处对音乐的评论，正触及了音乐的本性，即音乐以最为简单的音符和节拍，表现极精微复杂的精神世界。这正如数是简单的，但由数学规律所支配的宇宙是复杂的。在这里，我们或许能够想到毕达哥拉斯对数和音

---

① 维特根斯坦：《维特根斯坦笔记》，许志强译，上海：复旦大学出版社，2008 年，第 139 页。
② 欧阳谦：《圣乐与灵性——论巴赫的宗教音乐》，《文景》，2010 年第 5 期，引用地址：http://www.douban.com/group/topic/11588113/，2010-5-26。
③ 维特根斯坦：《战时笔记：1914—1917 年》，韩林合编译，北京：商务印书馆，2005 年，第 144 页。
④ 维特根斯坦：《战时笔记：1914—1917 年》，韩林合编译，北京：商务印书馆，2005 年，第 146 页。
⑤ 维特根斯坦：《维特根斯坦笔记》，许志强译，上海：复旦大学出版社，2008 年，第 16 页。

乐的一些谈论。

音乐是灵魂的表现形式，它能以极简单的形式，展现最精微复杂的灵魂和情感。我们可以从维特根斯坦对巴赫的评论中体会到这一点。因为他认为在巴赫的音乐中，有着上帝生动的呼吸。"巴赫说，他全部的成就只是勤勉的结果。但这样的勤勉需要的是谦卑和忍受痛苦的巨大能力，因此才会有力量。尽管这样，一个人还能完美地表达他自己，只是用一个伟人的语言对我们说话。"① 对巴赫的评论，其实涉及了艺术和宗教信仰的关系。维特根斯坦似乎认为，艺术家只有具备谦卑和忍耐痛苦的能力，才有可能创造出真正有力量的作品。关于巴赫，维特根斯坦还曾说："巴赫在《管风琴集》（Orgelbüchlein）的扉页上写：'献给最高的上帝的荣耀，我的邻人也许会因此而受益。'那是我本愿就我的工作说的话。"② 这大致可以表明维特根斯坦长期以来对宗教信仰的渴慕和向往。

音乐作为一种特殊的语言，它确实有能力表达一些我们的日常语言难以言说的东西。从宗教信仰的角度，朋霍费尔指出："音乐完全是圣言的仆人。它阐明奥秘之中的圣言。"③ 在一种更一般的意义上，维特根斯坦说："音乐，至少有些音乐，使我们想要称它为一种语言；但是某些音乐肯定不是。"④ 也就是说，至少有一些音乐，像语言一样，具备表达和交流的功能。

音乐是心灵的艺术，人们通过它来交流情感。维特根斯坦说："音乐的结构和情感。各种情感伴随着我们对一首曲子的理解，类似于伴随着我们生活中发生的事件。"⑤ 而在有的思想家看来，宗教的本质也是情感，通过情感，音乐与宗教相连。瑞·蒙克就曾指出："宗教的本质在于情感（或照尼采的说法，本能）和践行，而非信仰，这个观念在维特根斯坦此后对这问题

---

① 维特根斯坦：《维特根斯坦笔记》，许志强译，上海：复旦大学出版社，2008年，第122页。
② 瑞·蒙克：《维特根斯坦传：天才之为责任》，王宇光译，杭州：浙江大学出版社，2011年，第547页。
③ 迪特里希·朋霍费尔：《团契生活》，高喆译，北京：新星出版社，2012年，第48页。
④ 维特根斯坦：《维特根斯坦笔记》，许志强译，上海：复旦大学出版社，2008年，第108—109页。
⑤ 维特根斯坦：《维特根斯坦笔记》，许志强译，上海：复旦大学出版社，2008年，第19页。

的思考中一直是个恒常的主题。对（这个时候的）他来说，基督教是'通往快乐的唯一可靠的途径'——不是因为它应允了一种死后的生活，而是因为，在基督的言谈和形象里，给出了可供仿效的、使苦难可承受的一个范例、一种态度。"①

但维特根斯坦对宗教信仰方面的态度，事实上充满挣扎、犹豫不定，因此我们很难说他最终皈依了上帝，成为一名真正的基督徒。尽管他对有宗教信仰的人充满尊敬，且对宗教信仰有过深切的思考，甚至考虑过终身做一名修士，但从总体上来看，我们大致可以同意罗素的看法，即维特根斯坦是一个神秘主义者。这一点与尼采类似。德国学者沃格林在《尼采与帕斯卡尔》一文中指出："尼采是一个神秘主义者。但是，他的神秘经验的结构与西方神秘主义主流的神秘经验的结构是如此不同，以至于我们甚至几乎找不到合适的词汇来恰当地描述它。很显然，尼采不具有构成基督教意义上的神秘合一的核心的超越经验，就此而言，尼采的精神生活是奇特地残缺的。"②

在同样的意义上，维特根斯坦的精神生活也具有某种残缺性。对维特根斯坦有过深刻影响的詹姆斯曾说："神秘主义真理与我们交谈的最好媒介不是概念的言语，而是音乐。"③ 在此意义上，我们或许才能更为深切地体会到，对犹太人维特根斯坦而言，音乐在其整体的精神生命中间，占据着怎样重要的地位。

四、结语

1951年，62岁的维特根斯坦终于结束了其充满痛苦而又极具精神深度的一生，在朋友的家里安详去世了。让许多朋友惊讶的是，他对自己一生的

---

① 瑞·蒙克：《维特根斯坦传：天才之为责任》，王宇光译，杭州：浙江大学出版社，2011年，第126页。
② 洛维特、沃格林等：《墙上的书写：尼采与基督教》，刘小枫编，田立年、吴增定等译，北京：华夏出版社，2004年，第48页。
③ 詹姆斯：《宗教经验种种》，尚新建译，北京：华夏出版社，2008年，第305页。

总结，表述在这样一句遗言里："告诉他们，我度过了美好的一生。"[1] 而就在他去世前不久，他仍在坚持《论确定性》一书的写作。汉斯·昆在评论莫扎特时说："一个对人和上帝产生绝望者，一个'放弃了'的人，不会一直不倦地工作到他生命的最后时日的。"[2] 由此，尽管我们无法确切地知道，维特根斯坦在临终之时，是否最终聆听到其生命中的"圣乐"，但我们可以肯定，无论经历过怎样漫长而充满苦恼的生活，他仍能心怀希望，直至肉体生命终结。

---

[1] 涂纪亮：《维特根斯坦全集·关于伦理学的讲演以及其他12》，江怡译，石家庄：河北教育出版社，2002年，第444页。
[2] 卡尔·巴特、汉斯·昆：《莫扎特：音乐的神性与超验的踪迹》，朱雁冰、李承言译，上海：上海三联书店，1996年，第60页。

维特根斯坦与建筑[①]

在教科书和人们的一般讨论中,维特根斯坦作为分析哲学家的形象根深蒂固。尽管这一流行的看法有其自身的道理,但如果细究起来,将维特根斯坦视为分析哲学的代表,则的确不甚妥当。华裔哲学家王浩指出:"和罗素、卡尔纳普以及蒯因不同,维特根斯坦思想的核心地带是被艺术气质占据的,而不是被科学精神占据的,而且他作哲学研究的原初动机,看来也和那几位哲学家非常不同。"[②] 因此,王浩认为,卡尔纳普和蒯因才是分析哲学的代表性人物。

的确,正如王浩所指出的,维特根斯坦的思想与艺术有极大的亲和性。在生活中,维特根斯坦热爱音乐、文学,更重要的一点,他还是一名建筑师,尽管他终其一生只设计过一座房子。在这里,重要的问题在于,作为哲学家的维特根斯坦,其在建筑方面的思考和实践,事实上与他的整体思想有着极大的关联。

在维特根斯坦与建筑的关系问题上,国外学者已有专门著作进行研究。1996年,日本出版了《维特根斯坦的建筑》一书。2000年,保罗·维基德沃的《建筑师路德维希·维特根斯坦》一书出版[③]。而在国内学界,尽管已有一些文献谈及这一问题[④],但以研究角度而言,尚有进一步探究的必要。

[①] 本文发表时题为《维特根斯坦建筑的哲学意蕴》,原载《曲靖师范学院学报》,2015年第4期。
[②] 王浩:《超越分析哲学》,徐英瑾译,杭州:浙江大学出版社,2010年,第103页。
[③] 丁大同:《维特根斯坦》,昆明:云南教育出版社,2008年,第95页。
[④] 如李磊、楼巍:《现代性与"原始生活":维特根斯坦对建筑的澄清》,《自然辩证法通讯》,2008年第5期;李磊:《建筑师维特根斯坦》,《书城》,2009年第7期。

本文试从维特根斯坦本人参与设计建筑这一线索入手，讨论作为哲学隐喻的建筑、作为精神形式的建筑等相关问题。

一、建筑师维特根斯坦

20世纪20年代，西方建筑学领域经历了一场现代主义运动。这场运动的主旨，强调从功能的角度认识建筑。芬兰哲学家冯·赖特在《进步的神话：关于现代性争辩的一篇文稿》一文中指出："在建筑学领域的现代主义——也叫做'功能主义'——运动，与在音乐、绘画和诗歌领域中的现代主义是同一先驱精神的体现。但是，若从体现'时代特征'的角度来看，建筑学的情形具有特殊的意义。"[①] 在这里，我们可以看出，建筑学领域内的现代主义运动是整个西方现代主义文化运动的一部分；与其他艺术形式相比，建筑却更有可能成为一个时代的表征。

柯布西耶是西方现代主义建筑的代表性人物。他的建筑学思想，大致可概括为这样两个关键词：科学与民主。这里的"科学"，主要是指在建筑设计中，要遵循计算的指引，强调数学意义上的精确性。在代表作《走向新建筑》一书中，柯布西耶指出："建筑艺术根据标准办事。标准是有关逻辑、分析、深入的研究的事。它们建立在一个提得很恰当的问题之上。建筑是形式的创造者，智慧的探索，是高等数学。建筑是很严肃的艺术。"[②] 严格遵循数学计算而设计出来的建筑，则显示出"一种工程师的美学"[③]。

而所谓的"民主"，则是指大面积建造标准化住房，以解决更多人的住房需求。如此，我们即可看到，柯布西耶所倡导的建筑，精确、严格，符合科学标准，但又千篇一律。这样的建筑理念，因其显而易见的优点，在世界范围内得到大面积的推广。但这一推广的极端后果，却因未更多考虑建筑与地方性生活方式的联系，而在视觉上造成美学灾难的同时，又败坏了传统居

---

① 冯·赖特：《知识之树》，陈波编选，北京：生活·读书·新知三联书店，2003年，第61页。
② 勒·柯布西耶：《走向新建筑》，陈志华译，西安：陕西师范大学出版社，2004年，第123页。
③ 勒·柯布西耶：《走向新建筑》，陈志华译，西安：陕西师范大学出版社，2004年，第15页。

民的生活秩序。如此,柯布西耶所倡导的"新建筑",则成为"极端现代主义"①运动之中的一个重要概念。

维特根斯坦为他的姐姐格蕾特尔设计、建造住房的时候,正是20世纪20年代②。在这项工程中,建筑师伊格尔曼是维特根斯坦的合作者。但正如伊格尔曼本人所说,自维特根斯坦进入合作项目之后,"建筑师是他而不是我,虽然平面图在他进入项目前已经弄好了,但我觉得最后的成果是他的作品,不是我的"③。

1928年,这所住房完工之后,维特根斯坦将房子的照片寄给凯恩斯。凯恩斯认为,房子是"柯布西耶风格的"④。从表面上看的确如此。其他的许多评论者也都表达了相似的见解,即将维特根斯坦的建筑视为现代主义的典型作品。比如韦尔施就说:"这座建筑是一个杰作,现代性最纯粹的建筑之一,完全体现着数学精神。"⑤

有中国学者指出:"维特根斯坦从一位哲学家的视角出发,获得了'彻底的几何学性',那些严格的比例和精致无比的细部,成为当今崇尚极限建筑家们至高的范本,不是建造的形式和材料,而是维特根斯坦对'精密'近似于疯狂的追求,对建筑精髓的透彻理解。禁欲、静谧、秩序、经济、极限等这些极端的因素,都可以在这座建筑中找到。而且,这座建筑里面没有那些勾起人们欲望的装饰,这也反映了维特根斯坦对于简朴生活的追求。"⑥

维特根斯坦的遗嘱执行人之一冯·赖特,则有这样的评论:"这所房子

---

① 詹姆斯·C.斯科特:《国家的视角:那些试图改善人类状况的项目是如何失败的》,王晓毅译,北京:社会科学文献出版社,2012年,第111—112页。

② 关于1926—1928年,维特根斯坦的生活及其建筑设计中所担负的细节工作,可参见瑞·蒙克:《维特根斯坦传:天才之为责任》,王宇光译,杭州:浙江大学出版社,2011年,第237—253页。

③ 转引自瑞·蒙克:《维特根斯坦传:天才之为责任》,王宇光译,杭州:浙江大学出版社,2011年,第238页。

④ 瑞·蒙克:《维特根斯坦传:天才之为责任》,王宇光译,杭州:浙江大学出版社,2011年,第253页。

⑤ 沃尔夫冈·韦尔施:《重构美学》,陆扬、张岩冰译,上海:上海译文出版社,2002年,第161页。

⑥ 丁大同:《维特根斯坦》,昆明:云南教育出版社,2008年,第98页。

直到最小的细节都是他的作品,而且高度体现了它的创造者的特点。它免除一切装潢,而以精确的测量和严格的比例为特色。它的美和《逻辑哲学论》的文句所具有的那种朴素文静的美是相同的。我认为不能把这所房子归于某一种风格,但是水平的屋顶和材料——水泥、玻璃和钢筋——使参观者想到了典型的'现代'建筑物。"①

从以上评论,我们大致可以看出这样几点。其一,在一定的意义上,维特根斯坦的建筑精确、细腻,呈现出高度的数学之美;这与现代主义的总体主张是接近的。其二,正如冯·赖特所指出的,我们并不能因此而将其归入"现代主义",因为它是独一无二的。其三,现代主义的内在精神,其实是一种乐观主义;但在维特根斯坦那里,那种基于对科学进步的乐观预期而产生的欢快感全然消失了。所剩下的,是带有禁欲色彩的简洁和朴素。

关于上述最后一点,赫尔米勒(维特根斯坦的大姐)就曾指出,维特根斯坦所设计的,不是凡人的居所。她评论说:"……即便我非常赞赏这栋房子,我始终知道自己既不想、也不能住在里面。确实,它看上去更像是神的居所,而不是我这样的小凡人的居所,起初我甚至不得不克服一种微弱的内心敌意——对我称之为'逻辑房子'的敌意,对这种完美性和纪念碑性的敌意。"②

那么,维特根斯坦本人又是如何看待他的这一作品的呢?1940年,维特根斯坦这样写道:

> 在同样的意义上,我为格蕾特尔建造的房子确乎是灵敏的耳朵和良好的风度的产物,是伟大的理解力(对一种文化,等等)的一种表达。但是,迸发于空旷之地的原始生活,野蛮生活的竞争——这很缺乏。所

---

① 冯·赖特:《传略》,载[美]诺尔曼·马尔康姆:《回忆维特根斯坦》,李步楼、贺绍甲译,北京:商务印书馆,1984年,第9页。
② 转引自瑞·蒙克:《维特根斯坦传:天才之为责任》,王宇光译,杭州:浙江大学出版社,2011年,第239—240页。

以，你可以说这是不健康的（温室植物）。（克尔凯郭尔）①

维特根斯坦在这里的自我评论，一如其长久以来的写作风格，充满了新奇的比喻。但这样一种写作风格，其所造成的不良影响，可能使其想要表达的东西不甚清晰。尽管如此，我们仍大致可以看出，维特根斯坦认为，他所建造的房子"是伟大的理解力的一种表达"；这里的"理解力"，我们大致可以认为是对数学文化的理解。而之所以出现这样的理解，是因为考虑到维特根斯坦曾学习工程学，且对数学基础问题有着长期的思考。后期维特根斯坦却对这一基于数学计算而建造的房子产生了极大的不满。原因在于，他认为这样的建筑，因缺乏"原始""野蛮"的生活质地，而显示出一种病态的"缺乏"，犹如温室中不健康的植物。总而言之，它是没有生命力的。

关于建筑风格，罗伯特·文丘里在《建筑的复杂性与矛盾》一文中写道："与'纯净'成分相比，我更喜欢混杂的因素；与'泾渭分明'的特点相比，我更喜欢折中的状态；与'直截了当'相比，我更喜欢曲曲折折；与'表达明确'相比，我更喜欢模模糊糊；对于既不近人情、又乖戾反常，既'饶有趣味'、又枯燥无味的成分，我兼而取之。与'设计'好的情况相比，我更喜欢约定俗成；与排异性相比，我更喜欢兼容状态；无论是创新还是退化，我都能接收；与直接、明确相比，我更喜欢断续和含糊。我倾向于乱糟糟却有生命力的成分，而不是显而易见的整体性。我可以容许缺乏依据的推理，并理直气壮地宣布这样的二重性。"②

若以罗伯特·文丘里的上述说法为参照，我们大致可以看出，维特根斯坦在1926—1928年所设计、建造的房子，有如下特征：纯净、泾渭分明、直截了当、表达明确。而到了1940年，维特根斯坦在其笔记中，对这样一些特质又表达了明确的批评态度。而且，和罗伯特·文丘里一样，此时，他似乎也更喜欢"约定俗成"的东西，因为那虽是"乱糟糟"的，却更有"生

---

① 维特根斯坦：《维特根斯坦笔记》，许志强译，上海：复旦大学出版社，2008年，第68页。
② 江怡：《理性与启蒙——后现代经典文选》，北京：东方出版社，2004年，第225页。

命力的成分"。维特根斯坦对建筑的不同理解,其实也从一个方面,展现了他对哲学的不同理解。

二、作为哲学隐喻的建筑

在早期维特根斯坦那里,虽不能说他对哲学的理解就一定有一个建筑的隐喻;但我们可以清楚地看到,在《逻辑哲学论》一书的写作形式上,的确呈现出一种格外看重结构的建筑美。词语是其砖块,句子支撑起骨架。而且,正如冯·赖特在上述引文中所谈到的,《逻辑哲学论》的文句,与维特根斯坦所设计的建筑一样,有一种朴素的文静之美。有的学者指出,"当人们看到他[维特根斯坦]建造的这座住宅后,就有人将它看成是一个完成了的'可视的哲学装置'"①,这说明在人们的理解中,将建筑和哲学联系起来考虑,是一个比较自然的思路。

事实上,维特根斯坦也常常将哲学与建筑联系起来思考。1931年,维特根斯坦在其笔记中写道:"从事哲学——在许多方面就像从事建筑——其实更多的是在不断地为自己工作。依据自己的诠释。依据自己理解事物的方式(自己期待于它们的东西)。"② 可见,维特根斯坦在这里是以类比的方式,借建筑来讨论他对哲学性质的理解。在他那里,从事哲学研究不过是依据自己理解和诠释事物的方式来为自己工作。这正如王浩所评论的:"用我们中国哲学的行话来说,维氏的学问乃是'为己之学',而非'为人之学。'"③

在维特根斯坦那里,建筑作为哲学的隐喻,更多意味着一种思想上的建构。而这样一种建构的思路,恰与科学的追求具有极大的相似性,或者不如说,这本身就是科学的思路。我们常常将知识体系比作大厦,将每一位科学家个人的工作,视为对整个知识大厦的添砖加瓦。而成功建立起知识大厦的

---

① 丁大同:《维特根斯坦》,昆明:云南教育出版社,2008年,第97页。
② 维特根斯坦:《维特根斯坦笔记》,许志强译,上海:复旦大学出版社,2008年,第28页。
③ 王浩:《超越分析哲学》,徐英瑾译,杭州:浙江大学出版社,2010年,第123页。

前提，是有一个稳固、牢靠的地基。这样的地基并不是自然生成的，它要求我们清扫那些杂乱的遗留物，空出一块干净、敞亮的土地，来作为我们最初的地基。对这样一种思路，维特根斯坦明确地表示了不满：

> 无论典型的西方科学家是否理解或欣赏我的工作，对我都是一回事，因为他无论如何不会理解我写作的精神。我们的文明是由"进步"这个词刻画的。进步是它的形式，而非：取得进步是它的一种特点。它的典型事务是构建。它专注于建造一个更加复杂的结构。甚至清晰之寻求也只是达到此目的的一种手段，而不是一种自在的目的。对我来说则相反，清晰和清楚是自在的价值。
>
> 我对构造建筑没兴趣，而是有兴趣获得对可能建筑之基础的清楚看法。
>
> 所以我和科学家瞄准的不是同一个目标，我的思考方式也和他们不同。①

在这里，我们可以清楚地看到，维特根斯坦对科学的"进步"，持一种批评的态度。因此他说，他对构造建筑没兴趣。而且，他所做工作的目标，也和科学家大有不同。哲学不同于科学。瑞·蒙克评论道："在哲学中我们不是像科学家那样建造一栋房子。甚至也不是奠定一栋房子的地基。我们仅仅'收拾屋子'。"② 由此，我们大致可以认为，如果说科学的"进步"是要建造"新天新地"的话，哲学的任务，则仅仅是打扫卫生。换句话说，科学意味着改天换地的"革命"，而哲学不过是在尊重现实的基础上进行"改良"。与其早期的激进态度相比，维特根斯坦后来对哲学的理解，更多带有保守色彩。

在《哲学研究》第一部分标号为"118"的段落中，维特根斯坦写道：

---

① 转引自瑞·蒙克：《维特根斯坦传：天才之为责任》，王宇光译，杭州：浙江大学出版社，2011年，第304—305页。

② 瑞·蒙克：《维特根斯坦传：天才之为责任》，王宇光译，杭州：浙江大学出版社，2011年，第303页。

"我们的考察是从哪里获得重要性的？——因为它似乎只是在摧毁所有有趣的东西，即所有伟大而重要的东西（就像摧毁了所有建筑，只留下一堆瓦砾）。我们摧毁的只是搭建在语言地基上的纸房子，从而让语言的地基干净敞亮。"① 从这里我们也可看到，与那种强调正面建设的思路相反，晚期维特根斯坦更看重哲学的否定性功能，即摧毁那些徒有其表的纸房子。哲学不过是一种治疗手段，它针对的是人们理智上的疾病。

基于以上对维特根斯坦和建筑之关系的考察，如果我们做进一步的延申，就会发现建筑的隐喻不仅可以用于科学，而且更广泛地渗透于现代以来的社会－政治领域之中。

陈嘉映在为《观看，书写》一书所写"导读"中指出：

> 建筑是个运用广泛的隐喻……从事建设的人，竟不知不觉间都吸纳了这个宏大的隐喻，忘记了自己身为凡人的基本事实，忘记了 Bildung 的另一层含义：培养、培植。哲学家，以及其他种类的建设者，解构"普遍的解决方案"，并非放弃建设的责任，而是退回到众多建设者的行列，不是根据既定的蓝图，而是根据此时此地的要求建设，众多建设者的共同努力，合成培植。无论社会还是思想，我都希望，培植的理念能够更多地取代建构的理念。②

陈嘉映的思路很清楚，即对没有任何约束的"普遍主义"持批评性的立场。有关这一点，西方学者亦多有反思，比如阿尔伯特·赫希曼就指出："社会变迁的建筑师从没有可靠的蓝图。不仅是他所建筑的房屋与以前的每个都不同，他还要使用新的建筑材料，甚至还要试验从未经受检验的压力和结构原理。因此，一个房屋建筑师所能传达的最有用的内容就是对其建筑经

---

① 维特根斯坦：《哲学研究》，陈嘉映译，上海：世纪出版集团、上海人民出版社，2005年，第56—57页。
② 鲍赞巴克、索莱尔斯：《观看，书写：建筑与文学之间的对话》，姜丹丹译，桂林：广西师范大学出版社，2010年，第Ⅴ页。

验的理解，只有这些经验使在这种艰难条件下建房成为可能。"①

但这一批评性的立场，并不意味着退回到一种无所作为的保守状态，而是强调一种更为审慎、温和的实践方式：培植。事实上，陈嘉映的这一思路，正好体现出"中道"精神。比如他对"进步"这一观念的看法，即可清楚地说明此点："*进步这个概念要求一个较为切近的比较系，进两步比进一步更进步，然而，进一万步就无所谓比进一步更进步了。然而人们往往看不到这个条件，于是以为要么社会是不断进步的，要么就根本不可能在任何意义上有进步。*"②

三、作为精神形式的建筑

建筑的基本功能是居住。但就居住本身而言，就有各种不同的形式。人们以差异很大的方式在居住，至少表面上是这样。不同的居住形态，其实就意味着不同的生活方式。而生活方式的形成，不是某一个原因导致的结果，而是传统或历史的自然延续。居住的历史自然而然地培育出相关的文化。因此，当我们在考察建筑的时候，无法脱离其背景文化来做一种单纯的分析。有学者指出："建筑不是房屋本身的一个属性，而是在某种文化背景中接触到的房屋的属性——当我们遇到一座房屋的时候总会使它带上这样或那样的文化色彩。"③

在一个相当粗疏的层面上，我们大致可将建筑分为传统建筑和现代建筑。事实上，在现代以前的社会，大多数平民所居住的房屋，似乎很难称得上是建筑。尽管以我们今天的眼光看，不得不承认它们大都是建筑，哪怕极为简陋。之所以这样说，是因为能激起我们长久关注的，其实是那些具有纪念碑性质的建筑。而这样的建筑，在前现代社会，大概只有政治统治者或教会，才有足够的实力来建造。有学者指出："那些不朽的建筑似乎总是伴随

---

① 转引自詹姆斯·C. 斯科特：《国家的视角：那些试图改善人类状况的项目是如何失败的》，王晓毅译，北京：社会科学文献出版社，2012年，第421页。
② 陈嘉映：《说隐喻》，《华东师范大学学报》（哲学社会科学版），2002年第11期，第15页。斜体字为原文所有。
③ 巴兰坦：《建筑与文化》，王贵祥译，北京：外语教学与研究出版社，2007年，第167页。

着不朽的声名，而这种声名一直就是吸引有权势者建造纪念建筑的原因所在。"① "建筑之所以重要，一个原因是它能透露给我们一些线索，从而使得我们了解历史上的统治者真正看重的事物。另外一个原因是建筑还能告诉我们，它如何使我们——活着的人——以特定的方式生活成为可能，并且让我们能够向彼此和自己证明什么才是我们关注之事，无论是作为个人，还是作为社会这一整体。"② 从这个角度看，建筑史上的大部分作品，可能正是权势者个人意志的产物。

相对于世间的许多易碎品而言，建筑有其不朽性，或者至少可以说，人们在相当大的程度上愿意将其视为不朽的象征。维特根斯坦指出："建筑给某些事物以不朽和赞美。因此，哪里没有崇高的赞美，哪里就没有建筑。"③ 维特根斯坦在这里谈及建筑的崇高性，而如果我们考虑到他对宗教信仰的长久思考，则有理由认为，他这里所谈的"不朽"，不大可能是对王权的赞美。维特根斯坦更多考虑的，是建筑所具有的神圣性，而这与宗教有关。

除一般的居住性功能，建筑还是一种精神性的处所。比如，当我们将某个建筑作为住宅时，它就带有了某种神圣性和不可侵犯性。甚至我们可以说，这样一种神圣性，在一定意义上奠定了私有产权制度的精神基础。鲍勒诺夫就曾在《生活空间》一文中指出："即使在我们这个不信神的时代，住宅也具有某种神圣的性质，每个人只要想到它，就会感觉到这种神圣的性质。"④ 对此，维特根斯坦一定是有所考虑的，而且体现在他设计、建造的房屋中。因此，赫尔米勒在面对这一建筑作品时，才会将其视为"神的居所"，并产生了凡人具有的恐惧和敌意。

维特根斯坦这种对建筑之神圣性的理解与宗教相关，但与宗教相关的建筑，不一定都是教堂。毋宁说，维特根斯坦所理解的神圣性，更多意味着建

---

① 巴兰坦：《建筑与文化》，王贵祥译，北京：外语教学与研究出版社，2007年，第136页。
② 巴兰坦：《建筑与文化》，王贵祥译，北京：外语教学与研究出版社，2007年，第136页。
③ 维特根斯坦：《维特根斯坦笔记》，许志强译，上海：复旦大学出版社，2008年，第119页。
④ 刘小枫：《德语美学文选·下卷》，上海：华东师范大学出版社，2006年，第311页。

筑师创作的真诚性。保罗·蒂利希在《论绘画和建筑》一文中指出:"艺术并非一定要处理宗教的对象才能成为宗教的,那么,这在建筑中就将意味着,一种真诚地创造出来的、从实际的必然性中生长出来的风格,并非一定要通过教堂建筑才表明其宗教品格。它本身就具有宗教的维度,因而才能被用于宗教建筑物,而建筑师是勿需为了神性特征之故而牺牲其创作的真诚性的。"① 从这个角度看,维特根斯坦关于建筑师的评论,才能得到更好的理解。他曾在笔记中说:"今天,一个优秀的建筑师和一个蹩脚的建筑师的区别在于,蹩脚的建筑师屈从于每一种诱惑,而优秀的建筑师则予以抵制。"② 而抵制的理由,无非是为了更好地理解和展现自身,从而不丧失其内在的真诚性。

我们大致可以说,传统建筑更多是王权或教权意志的产物,因此,它就更在意建筑的所谓纪念碑性。而是在现代建筑中,那样一种神圣性,在一定程度上被剥落了。但建筑之所以为建筑,绝不只是一堆材料的堆积,而在某种程度上意味着一种思想的表达。维特根斯坦说:"记住好的建筑物给人的印象,那是在表达一种思想,它使人想要用一个姿态做出反应。"③ 另有学者认为,建筑作为一种表达,使我们的精神状态符号化。罗杰斯·斯克拉顿在《建筑美学》一文中写道:"建筑和音乐有一种极其相似的特征:表现的特征。它表现并夺取人的心灵并且使人的某种精神状态符号化。"④ 这也就是说,在一定意义上,建筑是我们精神的形式。

在此之外,建筑与风格相连。安德鲁·巴兰坦指出:"在希腊语中,柱子被称作 stylos,这个词是英语中 style(风格)一词的词根。围绕着希腊神庙排列的柱列被称为 peristyle(围柱式)。一座没有柱子的建筑被称为 astylar(无柱式),也就是没有风格。"⑤

---

① 刘小枫:《德语美学文选·下卷》,上海:华东师范大学出版社,2006年,第165页。
② 维特根斯坦:《维特根斯坦笔记》,许志强译,上海:复旦大学出版社,2008年,第7页。
③ 维特根斯坦:《维特根斯坦笔记》,许志强译,上海:复旦大学出版社,2008年,第41页。
④ 中国社会科学院哲学研究所美学研究室:《美学译文》(2),北京:中国社会科学出版社,1982年,第132页。
⑤ 巴兰坦:《建筑与文化》,王贵祥译,北京:外语教学与研究出版社,2007年,第250页。

四、结语

维特根斯坦的一生充满了各式各样的矛盾。这种种矛盾既是其生活和经历上的，更是其思想和精神上的。王浩指出："维氏的教育背景（包括他从那个极端富有的、充满高尚品位的家庭所得到的熏陶）和个性，以及他所处的年代的社会条件，还有他强烈的艺术/道德理想和对于逻辑/数学的兴趣的奇异混合，无疑都在造就其著作的风格及结果的过程中扮演了重要的角色，甚至在造就维氏哲学自身的形式和历史影响的过程中也起到了很大的作用。"①

张学广在《新世纪国际维特根斯坦哲学研究趋向概述》一文中，也从一个大致相近的角度，指出维特根斯坦所面对的种种矛盾和冲突："想追求简洁清净的维特根斯坦，终其一生却不得不接受英美文化和大陆文化的撞击，不得不处理科学技术和人文传统的冲突，不得不面对家族的缕缕变故和国家命运的一再变化，不得不在个人内心和外在世界间进行调和，最终将所有这些因素融合到他对许多哲学问题的思考。"②

但在这种种冲突之中，基本的一个冲突是：理智与情感。而这一基本的冲突，也体现在他对建筑的理解中。在理智层面上，维特根斯坦学习工程学、现代逻辑，长期关心数学基础的问题。体现在他设计的建筑中，就是那种高度数学化的精简之美。但在另一个方面，他又对科学心存不满，认为美学才是他最关心的问题。在情感方面，他对旧世界充满眷恋。因此，我们大致可以说，建筑之于维特根斯坦，恰是他充满困惑与冲突的人生的一个象征，即"将新世界的前沿论题和旧世界的情感眷恋集于一身"③。

---

① 王浩：《超越分析哲学》，徐英瑾译，杭州：浙江大学出版社，2010年，第113—114页。
② 中国现代外国哲学学会分析哲学专业委员会：《中国分析哲学·2012》，杭州：浙江大学出版社，2013年，第265页。
③ 中国现代外国哲学学会分析哲学专业委员会：《中国分析哲学·2012》，杭州：浙江大学出版社，2013年，第268页。

维特根斯坦与文学[①]

英国文学理论家伊格尔顿曾在一篇书评中这样写道:"弗雷格是哲学家中的哲学家,伯特兰·罗素是店铺老板眼中的圣人,但是维特根斯坦是诗人、作曲家、小说家和电影导演中的哲学家。"[②] 伊格尔顿的这一评价,以一种极简的方式,勾勒出了不同哲学家的个性特征以及他们与大众之间的关系。与弗雷格的一生落寞以及罗素在大众中所获得的明星般地位不同,维特根斯坦传奇的一生、谜一样的性格,对众多艺术家构成了极大的吸引力。不仅如此,除了维特根斯坦的形象极具艺术魅力,正如伊格尔顿所指出的,艺术对维特根斯坦本人而言,也从来都是第一位或真正重要的东西。

维特根斯坦出生于维也纳的富商之家,从小受到良好的艺术教育,具有极高的审美品位。正因为如此,维特根斯坦在人际交往中,十分看重对方的艺术修养和品位。比如在跟维也纳小组成员的接触中,他认为石里克具有良好的教养,因此乐于与其交往;而对卡尔纳普则评价不高,交往也就不多。维特根斯坦是哈耶克的远房表兄,但他们甚少交往。据哈耶克揣测,估计是维特根斯坦认为他缺乏艺术修养。

对维特根斯坦而言,所有的艺术形式中,最重要的是音乐。除此之外,可能就是文学。正如有研究者指出的:"对维特根斯坦来说,也许除了聆听和思考音乐以及做哲学之外,很少有什么东西要比阅读诗、戏剧和小说来得

[①] 本文发表时为《简论维特根斯坦与文学的关系》。原载《诗书画》,2015年第3期。
[②] 伊格尔顿:《〈文人维特根斯坦〉简评》,吴万伟译,引用地址:http://www.marxistsfr.org/chinese/reference-books/terry-eagleton/Eagleton-11.htm.

重要。他打算用来作为后期著述的六或七个座右铭,其中就有三个出自诗歌:歌德,马蒂亚斯·克劳蒂亚斯(Matthias Claudius)和朗费罗(longfellow)——这表明诗对他来说具有重要的意义。"① 而且,文学对维特根斯坦的意义,不只表现在其个人生活之中,也对他的哲学写作产生了重大影响。

一、 逻辑与修辞

逻辑与修辞的关系,在某种意义上,我们可以将这种关系视为哲学和文学的关系。罗素指出,逻辑是哲学的本质。他是从现代逻辑的角度着眼,强调现代逻辑对于哲学的根本性意义。从哲学史的角度看,事实上从古希腊开始,逻辑与哲学就有十分密切的关系。与此相对应,修辞更多与演讲术、神话和戏剧等,即我们广义上所认为的文学有关。

逻辑与修辞之间一方面有着紧密的联系,因为它们都与语言有关,而且在具体的语言论辩中,逻辑与修辞往往是交织在一起的;但另一方面,它们之间又有冲突和争斗,因为在根本的意义上,它们追求的是不同的东西。逻辑追求推理的有效性和必然性,最终指向真。修辞则追求怎么把话说得更漂亮,这从积极的意义上来说,修辞在让神高兴的同时,还能悦人心神;但从消极的意义上来说,则是巧言令色,旨在取效,即想办法"忽悠"不明真相的群众的表现。

在西方哲学史上,哲人普遍推崇逻辑,而贬低修辞。因为在他们看来,逻辑诉诸人的理性,而理性的智慧正是哲人的美德。修辞诉诸人的欲望,乱人心智,因此是下流的东西。但在文学家看来,这样一种看法是对文学的极大不公。因此在西方历史上,不断有人"为诗一辩",指出所谓修辞妖言惑众的说法,是对文学的不实指控。而到了后现代主义者如德里达那里,则认

---

① 约阿齐姆·舒尔特:《"符号的生命":维特根斯坦论读诗》,载〔英〕吉布森、休默:《文人维特根斯坦》,袁继红等译,长春:吉林出版集团股份有限公司,2008年,第196页。

为一切哲学皆是文学，根本就无所谓真，有的只是叙述。

维特根斯坦早期哲学的代表作《逻辑哲学论》，与许多分析哲学著作不同，因为它除了具有严格的逻辑性，还具有强烈的修辞性①。大约在1919年10月中旬，维特根斯坦在写给弗克尔的信中，这样评论自己的《逻辑哲学论》："这项工作是严格的哲学工作，同时也是文学的，这么说并非胡言乱语。"② 这就是说，关于《逻辑哲学论》具有的强烈的文学性，维特根斯坦本人有相当的自觉和明确的意识。

事实上，不仅维特根斯坦本人有这样的看法，弗雷格在读罢此书之后，认为这本书最突出的特点，首先就在于其独特的形式。他在给维特根斯坦的信中写道："因此，读你的书的乐趣，不再是由于其被知晓的内容，而只是由于作者给予它的独特形式。于是这书的成就是艺术上的，而非科学上的；和说的方式相比，书中说的东西是第二位的。"③ 从这里可以看出，弗雷格认可此书的艺术价值，而对其科学性则估计不足。因此，维特根斯坦认为弗雷格根本未读懂此书。但无论如何，我们从维特根斯坦自己及他人的评论中都可以看出，《逻辑哲学论》具有文学价值，这是毋庸置疑的。

在《逻辑哲学论》及其他作品中，维特根斯坦表现出一种独特的写作风格。"这种风格的标志就是直接性、朴素性和极其自信的语气（On Certainty）。但是，如果认为避免文风的华而不实就意味着文风的单调乏味或千篇一律，那就大错特错。相反，朴素性需要有很高的写作技巧才行。写作过程，就语句的缓急、长短和错落有致等等都存在着各种变化而言，一直都处在鲜活生动的状态当中。"④ 这种风格上的直接性，我们可以理解为是

---

① 参见张志平：《论〈逻辑哲学论〉的节奏性、简单性与隐喻性：一种修辞学的解释》，《复旦学报》（社会科学版），2013年第3期，第133—142页。
② 瑞·蒙克：《维特根斯坦传：天才之为责任》，王宇光译，杭州：浙江大学出版社，2011年，第181页。
③ 瑞·蒙克：《维特根斯坦传：天才之为责任》，王宇光译，杭州：浙江大学出版社，2011年，第178页。
④ 简·希尔：《维特根斯坦与对话》，载蒂莫西·斯迈利编：《哲学对话：柏拉图、休谟和维特根斯坦》，张志平译，桂林：漓江出版社，2013年，第91页。

作者在写作上的率真所致。而其语气上的自信,则可能是对上帝话语的模仿。

维特根斯坦写作上的素朴性,间接表现了他在伦理上的禁欲主义倾向。而事实上,维特根斯坦曾因日常生活中的行为举止,被人认为是一个禁欲主义者。比如在特拉滕巴赫,维特根斯坦教小学的地方,一位名叫奥斯卡·富克斯的制鞋工人就回忆说:"维特根斯坦是一位禁欲主义者。这种人被当作疯子,然而,人们不应当仅用正常的标准衡量他们。"① 当然,维特根斯坦在其个人生活中,是否是一个严格意义上的禁欲主义者,不是这里关注的重点。但我们至少可以认为,维特根斯坦那严肃的个性以及他在写作上的朴素性之间一定有其内在的联系。而伦理上的禁欲主义,则无疑表明了他对生命意义的严肃探求,正如有学者指出的:"禁欲理想不信任生命并使个体干枯,它在为生命寻找一种理由、意义、目的。"②

《逻辑哲学论》中的第7个命题,因其格言式的晦涩难懂和神秘倾向,早已成为维氏名言:"对于不可说的东西我们必须保持沉默。"③ 关于这句话,人们有各种各样的解读。从文学的角度看,乔治·斯坦纳认为,我们跟随维特根斯坦的沉默,感受到的不是黑暗,而是光明,"任何读过《逻辑哲学论》的人都会感到这本书中沉默的奇特光芒。"④ 在《沉默与诗人》(1966)一文中,他还指出:"维特根斯坦的《逻辑哲学论》和霍夫曼斯塔尔及其他20世纪20年代的德、奥作家的沉默寓言几乎同时出现,这个问题值得研究。可以设想,疏离语言只是信心普遍丧失的一部分,人们再也不相信中欧文明的稳定性和权威表述。"⑤ 维特根斯坦在写作此书之时,正值第一

---

① 巴特利:《维特根斯坦传》,杜丽燕译,上海:东方出版中心,2000年,第59页。
② 弗拉狄耶尔:《狄奥尼索斯对抗被钉十字架者》,成官泯译,载洛维特、沃格林等:《墙上的书写:尼采与基督教》,刘小枫编,田立年、吴增定等译,北京:华夏出版社,2004年,第199页。
③ 维特根斯坦:《逻辑哲学论》,贺绍甲译,北京:商务印书馆,1996年,第105页。
④ 乔治·斯坦纳:《语言与沉默:论语言、文学与非人道》,李小均译,上海:世纪出版集团、上海人民出版社,2013年,第29页。
⑤ 乔治·斯坦纳:《语言与沉默:论语言、文学与非人道》,李小均译,上海:上海人民出版社,2013年,第61页。

次世界大战,西方没落论广为流行。人们对欧洲文明的前途和未来充满沮丧和绝望。而这一切,在维特根斯坦看来,都蕴含在这短短的一句话里。从文体的角度看,乔治·斯坦纳认为,维特根斯坦延续了布莱克和克尔凯郭尔的创作,而这一"看上去断裂的、各具特色的系列",我们或可将其视为一种新的文体,即"毕达哥拉斯文体"①。而我们知道,毕达哥拉斯既是伟大的数学家,又是神秘主义团体的领袖人物。因此,既精确又神秘,正是这一文体的特征。

沃尔夫冈·休默在《维特根斯坦、语言与文学哲学》一文中写道:"正像经常有人指出的那样,维特根斯坦著作的魅力,相当大程度上在于其文学的品质。"② 而这一点,不仅适合《逻辑哲学论》,也同样适合《哲学研究》。有研究者指出:"在维特根斯坦后期的作品里,从每一页,以及他奇特的格言式风格的每一个点点滴滴,都可见到他对非理性的理解。但是这些东西并未形成系统的哲学,写作时总体上仍然是支离破碎的。"③ 事实上,我们可以这样认为,维特根斯坦在写作上支离破碎的风格,与其反理论的总体性思路有内在的一致性。当然,这样说并不意味着维特根斯坦有意如此,因为他在《哲学研究》的序言中说,他曾力图以一种更好的形式整合此书,但最终失败了。

关于哲学与文学,维特根斯坦曾说过这样一句话,代表了他对这两者关系的总体性看法。他说:"我认为这句话总结了我对哲学的态度:哲学确实只应该当作诗篇来写。"④ 从这句话中,我们大致可读出这样几点内容:其一,论证式的哲学写作,是不必要也不应该的;其二,哲学并非如传统哲学宣誓的那样,是对真理的追求,因此也就缺乏那种绝对的确定性;其三,哲

---

① 乔治·斯坦纳:《语言与沉默:论语言、文学与非人道》,李小均译,上海:上海人民出版社,2013年,第105页。
② 吉布森、休默编:《文人维特根斯坦》,袁继红等译,长春:吉林出版集团有限责任公司,2008年,第3页。
③ 法尔克:《维特根斯坦与诗歌》,载张志林、程志敏:《多维视界中的维特根斯坦》,郝亿春、李云飞等译,上海:华东师范大学出版社,2005年,第312页。
④ 维特根斯坦:《维特根斯坦笔记》,许志强译,上海:复旦大学出版社,2008年,第44页。

学只应当作诗篇来写,这就意味着哲学写作也可以是迷人的,至少,一种隐喻式的写作方式似乎是不可避免的。当然,如上读解,或许并非维特根斯坦的本意,只是我们在理解上的一种发挥或引申。

关于维特根斯坦的以上观点,后来者的评价不一。格雷林认为:"从某些方面说,维特根斯坦是个诗人。人们一旦仔细考察过他的著作原文,不再被他的隐喻的光辉和诗的特质所惊服,就会发现其远远达不到哲学研究的期望和要求——论证很少,关键思想也非常缺少确定性。这是令人失望的。"① 中国学者邱仁宗在指出维特根斯坦"缺乏论证、概念不清晰"之后,同时又认为:"这种诗样的语言有启发性,在心理学上可刺激产生顿悟和新观点。也许这就是维特根斯坦著作的意义。"②

二、写作与创造

在一般性的叙述中,作为哲学家的维特根斯坦声名卓著,而且人们多将其视为分析哲学家中的一员。或许正因为如此,人们一般对他在写作上做出的多种探索缺乏关注的兴趣。但也有研究者指出:"把哲学家维特根斯坦视为作家或一位凭听觉写作、灵感丰富的语言艺术家,也未必是一种降格。"③

事实上,关于写作问题,维特根斯坦在其笔记中多有谈及。他说:"实际上,对于作家(我自己)来讲,形象通常仿佛居于言词的背后,因此,言词似乎在对我描述它。"④ 从一般意义上的表述来看,这句话的意思是不清楚的。但我们可以试着了解其大意。传统的文学理论认为,文学形象是作家使用语言的工具创造出来的。但维特根斯坦显然不这样认为。维特根斯坦特别强调形象与言辞之间的紧密联系,或者可以说,形象以言词的形式显示出来。而"言词似乎在对我描述它",也突出地强调了语言本身的重要性,带

---

① 格雷林:《维特根斯坦与哲学》,张金言译,南京:译林出版社,2008年,第132页。
② 邱仁宗:《"维特根斯坦现象"三题》,《开放时代》,2001年第1期,第72页。
③ 维特根斯坦:《维特根斯坦笔记》,许志强译,上海:复旦大学出版社,2008年,第153页。
④ 维特根斯坦:《维特根斯坦笔记》,许志强译,上海:复旦大学出版社,2008年,第134页。

有语言本体论的意味。

在具体的写作问题上,维特根斯坦也有精彩的见解,比如他曾说:"好的明喻使才智焕然一新。"① 从修辞的角度看,我们把比喻分为两种:明喻和隐喻。所谓明喻,从语法的角度看即那种"某某'像'某某"的句子。通过明喻的方式,我们实际将两个表面看来不相干的东西拉到了一起。因此,好的明喻等于发明了一种概念间的联系,而这样一种新关系的出现,事实上为我们看待事物间的联系提供了一种新的角度。在这个意义上,明喻的作用就不只是把话说得更漂亮,而是能极大地启发我们的才智。

在某种意义上,维特根斯坦所谓的"好的明喻",类似一种生产性的想象力。关于后者,有学者做了这样的解释:"生产性的想象力使我们有可能在既定的事物中看见一种新的内在关联,并超越任何逻辑概念的许可,从另一个角度观察这些事物。重要的是,想象力使我们有可能从一种不同于我们以往的角度重新观察事物,并因此拓展了我们对这个世界的感受。"②

维特根斯坦本人的写作,就极其善于以比喻(包括明喻和隐喻)的方式来进行。但我们可以看到,维特根斯坦在写作问题上的殚精竭虑,绝不只是出于修辞上的考虑,因为他格外看重的是思想的独创性。维特根斯坦写道:"一个平庸的作家一定会留意将粗糙的、不正确的表达方式过快地用正确的方式来替换。这么做他便扼杀了他原有的思想,这种思想至少还是一棵活着的幼苗。现在它被拔掉了,不再有任何的价值。他只好把它扔到垃圾堆里去。而这棵可怜的小小的幼苗仍然还是有点儿价值的。"③

从这里我们可以看出,维特根斯坦认为,当一个作家用一种漂亮的表达方式,取代原有粗糙的形式时,其实等于是杀死了其作品中最具生命力的部分。过于精致的语词勒住了作品的呼吸。如此说来,一种自然的呈现方式比

---

① 维特根斯坦:《维特根斯坦笔记》,许志强译,上海:复旦大学出版社,2008年,第3页。
② 沃尔夫冈·霍尔、贝恩德·海特尔、斯特凡妮·罗森穆勒:《阿伦特手册——生平·著作·影响》,王旭、寇瑛译,北京:社会科学文献出版社,2015年,第565页。
③ 维特根斯坦:《维特根斯坦笔记》,许志强译,上海:复旦大学出版社,2008年,第134页。

精巧的形式更要紧。一个人之所以成为作家，在很多情况下是因为他能坚持自己哪怕是难看的独特表达方式。而这种表达上的独特性，则来源于对思想幼苗的耐心与呵护。

关于写作，维特根斯坦有如此之多的谈论，但对于自己的写作，他似乎不甚满意。他这样写道：

> 某个人的写作风格在形式上可能是无独创性的——像我的写作——但是他使用的言词或许是经过很好的挑选；或者说，某个人可能拥有一种在形式上有所独创的风格，那是一种从他自身的深处鲜活地成长的风格（或者，它自然也可能只是将陈旧的片言只语粗粗地缝补在一起而已）。①

> 我成功地表达的事物，从未超过我想要表达的一半，实际上连一半也没有，至多是十分之一。可那还是有点价值的。我的写作经常只是"磕磕巴巴"。②

> 正如我不会写韵文一样，我写散文的能力也仅仅如此而已，不会更进一步了。我写散文有一个相当明确的限度，我没法超过那个限度，正如我不会写诗一样。这便是我的装备的实质了，而且是我仅有的装备，这就好像有人会说：在这个游戏中，我只能达到这样一个完美的程度，而不能达到那样的程度。③

从以上引文看，尽管维特根斯坦认为自己的写作不乏新奇和有价值的东西，但总体而言所占比例太小。因此，维特根斯坦认为自己的写作在根本上是缺乏独创性的。关于这一点，人们有不同的解读，比如美国哲学家辛提卡

---

① 维特根斯坦：《维特根斯坦笔记》，许志强译，上海：复旦大学出版社，2008年，第91页。
② 维特根斯坦：《维特根斯坦笔记》，许志强译，上海：复旦大学出版社，2008年，第31页。
③ 维特根斯坦：《维特根斯坦笔记》，许志强译，上海：复旦大学出版社，2008年，第103页。

就认为，这表明维特根斯坦有读写困难症。但从本文的角度看，我们认为维特根斯坦认为自己在写作上缺乏独创性，基于这样两个原因：一是他的犹太人身份，二是他对自身作为天才的期许。

维特根斯坦本人有四分之三的犹太人血统。在维特根斯坦自己的认知中，犹太人在根本上是缺乏创造性的。他在笔记中这样写道：

> 在犹太人那里，人们只是在圣徒的身上发现"天才"。甚至最伟大的犹太思想家也不过是有才能而已（比如我自己）。
>
> 我的思想的确仅仅是再生性的，我觉得这种看法包含着一些真实的东西。我相信，我从未发明过一线思想。①

认为自己的思想是再生性的而非独创性的，同时又对自己有着极高的期许，这二者之间的巨大反差，给维特根斯坦带来了极大的痛苦。正如瑞·蒙克的书名显示的，在维特根斯坦看来，天才首先意味着一种责任。而这一责任的核心任务，是拥有具有独创性的思想。因此，对维特根斯坦而言，如果不是天才，且如果不能有思想的独创性，活着又有什么意义呢？这一关于缺乏独创性的焦虑，在一定程度上迫使维特根斯坦不断地想到自杀。

维特根斯坦认为，虽然天才的尺度是性格，但性格本身并不等于天才。因此，天才只有以某一种形式的才能显示出来时，才能称得上是真正的天才。对于思想的独创性而言，在写作上进行创新正是显示天才的最好形式。正如陈家琪指出的："事实上，任何具有实质性的哲学变革，也总是从相应的独特形式开始的。形式的束缚，不但使思想感到贫乏，而且会成为人固定的行为方式。"② 我们可以看到，维特根斯坦哲学具有的巨大的变革意义，正与其独特的表达形式连在一起，尽管维特根斯坦本人对此并不满意。

综上所述，我们认为，维特根斯坦关于写作的谈论，关注的核心是思想

---

① 维特根斯坦：《维特根斯坦笔记》，许志强译，上海：复旦大学出版社，2008年，第31—32页。
② 陈家琪：《叔本华：浪漫的有罪意识》，载湖北大学哲学研究所、《德国哲学》编委会：《德国哲学》（第四辑），北京：北京大学出版社，1988年，第46页。

的独创性。而对自己写作的不满，则更多反映出他对自身犹太人身份的焦虑以及对于自己作为天才的过高期许。

三、鉴赏与教养

在讨论写作问题的同时，维特根斯坦也对鉴赏力的问题有比较多的思考。正如我们在上一节中所谈到的，维特根斯坦对写作问题的关注，是与思想的独创性联系在一起的。如果说好的写作是一种创造、一种生产的话，鉴赏力则根本不具备这样的功能。

维特根斯坦指出："鉴赏力进行调节。分娩不是它的事务。"[1] 在这里，无论我们如何理解"调节"，无可否认的是，它只能是一种辅助性的工作。尽管我们认为某些辅助性的工作在一些情况下是必不可少的。但无论如何，辅助性的工作绝不是最重要的工作。维特根斯坦接着说"分娩不是它的事务"，这里的"分娩"一词，即是在隐喻的意义上使用的。分娩即指生产、创造，也就是有新的生命或东西出来。说它不是鉴赏力的事务，意在表明：鉴赏力是非生产性的。

对于鉴赏与创造之间的关系，维特根斯坦以下这句话，说得再清楚不过："即使是最精微的鉴赏力，也与创造力无关。"[2] 在这个意义上，我们甚至可以认为，鉴赏与创造，实质上是两种不同的活动；尽管它们在许多情况下，都有这样或那样的一些联系。事实上，有关这一点，我们在文学史上也能找到不少相关的例子。一些人在面对别人的作品时，缺乏足够的鉴赏力，但这并不意味着他就无法创造出好的作品来。相反的情况，一个人可能在品评别人的作品时，显示出极高的鉴赏力，他本人的创作却有可能是一塌糊涂的。

维特根斯坦在做出如上论断之时，用"精微"一词来形容鉴赏力并非偶

---

[1] 维特根斯坦：《维特根斯坦笔记》，许志强译，上海：复旦大学出版社，2008年，第104页。
[2] 维特根斯坦：《维特根斯坦笔记》，许志强译，上海：复旦大学出版社，2008年，第104页。

然。事实上，一种良好的鉴赏力，几乎总是含有"精微"或"精细"的意味。但当我们说到创造力时，则并不必然有此方面的要求。与此相反，我们经常用"强大""粗野"等词来形容创造力。或许正是基于这一分野，陈嘉映在《艺术札记》一文中写道："创造艺术的人和欣赏艺术的是两类人。贝多芬是'蒙古蛮子'（海顿语），到音乐厅去听贝多芬的是些衣冠楚楚的淑女雅士。"① 这一例证进一步说明，所谓创造即从事一种从无到有的工作，而这似乎需要一种粗野的蛮力。鉴赏则意味着面对许多既有的东西，这样一种能力的培养，需要长时间的训练、体验和比较。

我们倒不妨说，一个人在文学或艺术方面的鉴赏力，在很大程度上就体现了他的教养。而这里所说的教养，甚至可以说是一个人的第二天性，其中既包含他的伦理态度或价值观，又包含他的审美品位。教养总是在一定的生活形式中，经长时间有意或无意的训练或熏陶而成的。因此，在许多时候，我们可以通过一个人的教养，粗略地看到他的成长历史。教养不创造什么，它更多的是一种涵养，体现为一个人行为处世的品格。

从这个角度看，鉴赏力的养成过程，更多是接受性的。维特根斯坦指出："鉴赏力是感受力的精练；但是感受力没有做任何事情，它纯粹是接受性的。"② 因此，我们在这里可用"主动/被动"这一对概念来区分创造力和鉴赏力。鉴赏力更多是被动的，它不会主动做任何事情。这就是说，一个人有再高的文化修养，也不意味着他有创造的能力。因此，陈嘉映在《现代政治文化小词典摘录》中，这样解释"文化修养"一词："文化的享受者所具有的而文化的创造者所不具有的属性。"③

好的鉴赏力，是良好教育的结果，维特根斯坦清楚地看到了这一点。他在笔记中写道："有些人的鉴赏力跟受过教育的鉴赏力相比，就如同半瞎的

---

① 陈嘉映：《无法还原的象》，北京：华夏出版社，2005年，第232页。
② 维特根斯坦：《维特根斯坦笔记》，许志强译，上海：复旦大学出版社，2008年，第104—105页。
③ 陈嘉映：《无法还原的象》，北京：华夏出版社，2005年，第228页。

眼睛接受视觉印象时跟正常的眼睛相比。正常的眼睛可以清晰地看见的地方，弱视的眼睛则看见一种模糊的色斑。"① 从这里我们可以看出，维特根斯坦将缺乏鉴赏力比作弱视，表明他对一个人是否具有良好的鉴赏力这一点其实是很看重的。正如他看重与他交往者是否具有良好的艺术修养。

但正如本文第二节表明的，维特根斯坦最在意的，是他本人是否具有某种意义上的独创性。如下引文，在与鉴赏力的比较中，亦可清楚地说明这一点：

> 有时修饰是鉴赏力的一种功能，但有时却不是。我有鉴赏力。②

> 我无法判断我只是有鉴赏力呢，还是我也有创造力。前者我可以清清楚楚地看到，而后者则不能，或者是只能非常模糊地看到。或许事情只能是这样，你只能看到你具有什么，而看不到你是什么。一个不会撒谎的人已经是有足够的独创性了，因为，任何值得向往的创造力毕竟不可能是一种聪明的把戏，抑或是一种个人的怪癖，不管它是如何表现的。③

在如上第一段引文中，维特根斯坦指出，修饰是鉴赏力的功能之一，但并非全然如此。事实上，正如我们在本文第一节中所指明的，维特根斯坦在行文方面崇尚简朴。因此，我们可以推知，至少在大多数情况下，维特根斯坦是反对修饰的，无论是为文还是做人。维特根斯坦还表示，他认为自己是有鉴赏力的。这方面最著名的例子，是他认为人们对莎士比亚的高度赞美，让他感到莫名其妙。因为在他看来，莎士比亚一无是处。文学批评家乔治·斯坦纳认为，维特根斯坦这些旁注式的短评，"可能是最深刻的"④。

---

① 维特根斯坦：《维特根斯坦笔记》，许志强译，上海：复旦大学出版社，2008年，第110页。
② 维特根斯坦：《维特根斯坦笔记》，许志强译，上海：复旦大学出版社，2008年，第104页。
③ 维特根斯坦：《维特根斯坦笔记》，许志强译，上海：复旦大学出版社，2008年，第105页。
④ 乔治·斯坦纳：《斯坦纳回忆录：审视后的生命》，李根芳译，杭州：浙江大学出版社，2012年，第43页。

从以上第二段引文中，我们则可以看出，与对自身鉴赏力具有高度自信不同，维特根斯坦对自己是否具有创造力信心不足。他甚至认为，从自身的角度出发，对自己是否具有创造力这样的问题，根本就不可能有确切的回答。但无论如何，真诚是一个人具有创造力的基本条件。因为无论一个人的创造力以何种形式表现出来，它都绝不可能是一种谎言或聪明人式的投机取巧。从这一角度看，良好的教养则不一定会构成创造的障碍。

维特根斯坦论宗教与生活[①]

在对维特根斯坦哲学的研究中,"语言批判""生活形式"和"语言游戏"等概念得到了许多学者的关注和讨论。人们在不同层面上,试图对这些概念进行澄清,却因为各种各样的原因而始终难以达成完全一致的理解。本文的写作目的,不在于对这些概念的理解给出一个标准的答案,而在于拓宽视域,在一个更为开阔的视域中讨论这些问题。

关于维特根斯坦的思想研究,有西方学者指出:"对思想的背景无知的人也注定会误解思想。"[②] 本文认同这一观点,在具体的行文之中,尤其注重从宗教(或伦理)的角度来重新审视上述问题。在本文的第一节,我们将首先讨论"语言批判"及其对维特根斯坦哲学的意义,然后从宗教(或伦理)的角度出发,来讨论在哲学之外"语言批判"究竟意味着什么。在本文的第二节,我们将首先讨论"生活形式"这一概念及其与"语言游戏"的关系,然后讨论这两个概念对于宗教信仰的意义。在本文的第三节,我们将讨论生命与生活的关系,以及维特根斯坦对这一问题的理解。

一、语言批判

在对维特根斯坦哲学的正统解释中,人们普遍认为,前期维特根斯坦和

[①] 原载邓晓芒、戴茂堂:《德国哲学》(2018年上半年卷),北京:社会科学文献出版社,2019年。

[②] 阿兰·雅尼克、斯蒂芬·图尔敏:《维特根斯坦的维也纳》,殷亚迪译,桂林:漓江出版社,2016年,第18页。

后期维特根斯坦之间存在一种断裂。正统解释之所以如此，既有学理上的原因，也有文献上的依据。但是，随着维特根斯坦的相关文献包括笔记、手稿、讲演稿等的不断出版，人们逐渐认识到，前后期维特根斯坦尽管存在较大的差异，但仍然存在连续性。新维特根斯坦①的解释者尤其强调这一点。抛开其他诸多论题，我们可以看到，"语言批判"是前后期维特根斯坦一贯的主题，尽管对于何为"语言批判"，他在不同的时期有着不同的表述，而且在认识上也有变化。

在《逻辑哲学论》时期，维特根斯坦认为，所谓哲学即"语言批判"（4.0031）②。这一论题之所以重要，是因为它牵涉维特根斯坦如何理解哲学以及他对哲学的定位。在前期维特根斯坦那里，他事实上是将哲学与科学对举③的，并认为从语言的角度看，科学命题是有意义的，而哲学"命题"则是无意义（nonsense）的。如此一来，传统积极意义上的、建构的形而上学就不再有任何认识价值。而在消极的意义上，哲学的工作就变成了对科学命题之意义的澄清。

哲学作为一种"语言批判"，之所以还有此必要，是因为在前期维特根斯坦那里，存在一个基本的区分，即表层语法和逻辑语法的区分。前期维特根斯坦认为，日常语言虽有其自足性或完备性，但这并不意味着语言的日常使用是完美无缺的。事实上，语言的表层语法在不少情况下，都掩盖了其真实的逻辑语法，从而导致了语言的误用；犹如语言的外衣遮盖了它的身体。由此，所谓"语言批判"，即通过对语言的逻辑分析，澄清命题的真实意义，从而避免可能的误导——没有这种误导，哲学问题也就无从产生了。在这种意义上，哲学是一种治疗，哲学工作类似医生的工作。

1931年，即在返回剑桥继续从事哲学研究两年之后，维特根斯坦在其

---

① Alice Crary 与 Rupert Read 编辑出版了一本名为 *The New Wiltgenstein* 的论文集，其中提出了一种有别于传统的新解释框架。国内学者将这一派学者称为新维特根斯坦主义者。——笔者注
② 维特根斯坦：《逻辑哲学论》，贺绍甲译，北京：商务印书馆，1996年，第42页。
③ 关于维特根斯坦对哲学与科学之关系的认识，可参见李文倩：《维特根斯坦论科学与哲学》，《云梦学刊》，2017年第2期，第63—69页。

笔记中写道:"人们一而再再而三地说,哲学压根儿就没有进步,我们跟从前的希腊人一样,被相同的哲学问题占据着头脑。但是说这句话的人并不了解为什么事情会是这样。这是因为我们语言仍然是一成不变的,并且不断诱使我们提出相同的问题。"① 引文的意思非常清楚,即与科学所取得的巨大进步相对照,哲学工作似乎永远都在原地踏步。维特根斯坦认为,之所以会出现这样的情况,是因为我们的语言一仍其旧、持续不断地误导人们,使人们一次次地陷入哲学问题的泥淖之中,从而丧失了任何进步的可能性。针对这一状况,哲学家的任务即在于做一个先行的探路者,在语言的泥淖之中探明危险,并在醒目的地方插上提示物,告诉人们此路不通。这样一来,通过对语言的批判,哲学问题以其自身被消解的方式而得以"解决"。

到了《哲学研究》时期,"语言批判"这一论题仍然得到了维特根斯坦相当多的讨论。在一个被广泛引用的段落中,他写道:"哲学是一场反对我们的语言手段给我们的理智所造成的着魔状态的战斗。"②(109)对于我们每一个个体而言,语言有一种先在的给定性,我们进入一个共同体的过程,即一个不断学习、遵循和适应语言规则的过程。语言的这种先在性,迫使人们总是沿着相同的思路,提出同样的"哲学问题"——这在维特根斯坦看来,近乎一种理智的着魔状态;于是,他为哲学规定了新的任务,即通过对语言的细致考察,不断把我们从那种理智的着魔的状态中解放出来。

在理智的着魔状态中陷得最深的,无疑是那些传统的哲学家,或者不如直接把他们叫作形而上学家。形而上学家们在形而上学的意义上使用语言,于是产生了一大堆似是而非的"哲学问题"——这些"问题"的产生,是形而上学家们错误使用语言的结果,因此从根本上就没有获得解答的可能。

后期维特根斯坦在对语言的用法问题上,有一个基本的区分,即形而上学的用法和日常的用法。在他看来,语言的意义在其日常用法之中,而语言

---

① 维特根斯坦:《维特根斯坦笔记》,许志强译,上海:复旦大学出版社,2009年,第26页。
② 维特根斯坦:《哲学研究》,韩林合译,北京:商务印书馆,2013年,第86页。

之形而上学的用法则是一种错误,并由此错误而产生了各种各样的误导或迷乱。维特根斯坦写道:"让我们操心的那种迷乱发生在语言仿佛是在空转的时候,而不是它正常工作的时候。"①(132)这里所说的语言的"空转",即语言的形而上学用法,而这种用法注定是不及物的。依照这一思路,语言要被有意义地使用,就不得不回到其日常用法之中,回到粗糙的地面上来。

以上简要讨论了何为"语言批判"及其对维特根斯坦哲学的意义。在本节以下的内容中,我们将简要讨论"语言批判"之于宗教(或伦理)的意义。在以往的研究中,关于"语言批判"的讨论,主要被置于哲学的框架之中,而对其宗教(或伦理)意义的关注则相对不足。但是,正如维特根斯坦自称的,他在许多时候都禁不住从宗教的维度来看待一切问题。

语言之所以需要"批判",是因为在传统的哲学中,语言一再地诱导人们走上一条相同的却是错误的思想道路。这样一种观点,从宗教的维度看,即意味着语言是一种"原罪"。正如有的学者指出的:"'患病'的语言不啻维特根斯坦的沙漠,那是魔鬼出没的场所,是诱惑和抵御诱惑之地,一句话,语言成为'原罪'。"② 在这里,我们可以看到,作为"原罪"的语言,既是一种诱惑,又是抵御诱惑的地方。由此,"语言批判"即对于"原罪"之诱惑的抵御。

前期维特根斯坦之"语言批判"的结果之一,是指明了思想或语言表达的界限,具体而言,即认为只有科学命题是有认知意义的,而无所谓宗教、伦理或美学"命题"。在这种意义上,关于宗教、伦理和美学之种种,都只有归于沉默之域,是人们无从言说的。贾可·辛提卡曾将维特根斯坦的这一观点与奥地利文学批评家卡尔·克劳斯的观点进行比较之后说,他们二者对于语言的批判,都有一种伦理的意义,即认为"净化一个人的语言,就是净化一个人的思想"③。从这个角度看,"语言批判"在前期维特根斯坦那里,

---

① 维特根斯坦:《哲学研究》,陈嘉映译,北京:商务印书馆,2016年,第56页。
② 刘云卿:《维特根斯坦的悖论与反讽》,《哲学研究》,2002年第2期,第38页。
③ 贾可·辛提卡:《维特根斯坦》,方旭东译,北京:中华书局,2002年,第71页。

犹如一道语言的"禁令",它禁止人们在诸价值问题上喋喋不休而制造更多混乱。

1929年后,维特根斯坦的思想发生了一系列转变。在伦理问题上,他不仅亲自打破了"禁令",公开发表了"关于伦理学的讲演",而且不再像前期那样认为宗教语言是没有意义的。这一转变的关键,是他对语言有了不同的理解。在《逻辑哲学论》时期,维特根斯坦将语言理解为一种逻辑运算的结果:语言是命题的总合;命题是基本命题的真值函项,由诸基本命题经逻辑运算而构成;基本命题是诸名称在一定形式中的组合。后期维特根斯坦对语言的理解,则完全没有了这种"运算"[①]特征,他由此提出了一个重要概念:"语言游戏"。

维特根斯坦的上述转变,有的学者认为其意义重大:"就宗教哲学而言,正是这种转变为宗教语言在语言、哲学境内发放了通行证。"[②] 基于这一转变,人们开始认识到,宗教语言作为语言游戏的一种,当有其内在的意义。英国学者格雷林说:"宗教话语也是一种语言游戏,在其中谈论上帝也是类似地完成一种基本任务,因此宗教话语的有效性是某种内在于自身的东西……"[③] 这也就是说,宗教语言的意义在于其自身,而不在于对某一外部实在的反映。

经过以上论述,我们可以看到,如果我们将语言理解为一种逻辑运算的结果,那么宗教语言是没有意义的。而如果我们追随维特根斯坦转换视角,将语言理解为一种游戏,那么宗教语言作为语言游戏之一种自有其意义。关于这一问题,我们将在下节讨论"生活形式"这一概念时,做出更多阐述。

[①] 苏德超:《哲学、语言与生活:论维特根斯坦的语言哲学》,长沙:湖南教育出版社,2010年,第74页。

[②] 范艾:《现代西方宗教哲学中的语言、逻辑与真理问题》,载湖北大学哲学研究所、《德国哲学》编委会:《德国哲学》(第八辑),北京:北京大学出版社,1990年,第159页。

[③] A. C. 格雷林:《维特根斯坦与哲学》,张金言译,南京:译林出版社,2008年,第115—116页。

二、生活形式

对于后期维特根斯坦哲学而言,"生活形式"是一个非常重要的概念,且得到了广泛的关注和讨论。但是,在维特根斯坦的著作中,"生活形式"从未被给予一个清楚的定义,而且,据有的学者统计,这一概念在维特根斯坦的所有著作中,一共只出现过7次。这就表明,要想充分讨论"生活形式"是什么及其对维特根斯坦哲学的意义,就格外困难。本节不准备对这一概念做全面的考察,而只想简要述及维特根斯坦在《哲学研究》一书中是如何讨论它的。

在《逻辑哲学论》中,维特根斯坦从一种自上而下的角度出发,分析语言与世界①的关系,他认为二者之间是一种一一对应的关系。而在《哲学研究》中,维特根斯坦放弃了之前那种自上而下的分析视角,转而从一个个例子出发,具体而细微地讨论语言的多样性。他认为在各种各样的世界中,有各种各样的语言,"想象一种语言就叫作想象一种生活形式"②。(Ⅰ 19)在这里,维特根斯坦明确将"语言"和"生活形式"联系在了一起,这可以说是一种扩展了的语境原则。我们知道,弗雷格最早提出"语境原则",认为如果要考察一个语词的意义,需要将其放在一个句子之中。而将"语言"和"生活形式"联系起来,即在一种扩展的意义上,认为语言的意义并不在于对它的抽象分析之中,而是和各种各样的场合、周边环境高度相关。

语言的意义不在于语言自身之中,而只有当它是人的行为、举止,以及某种生活形式的一部分时,它才会有意义。"语言游戏"和"生活形式"是联系在一起的,维特根斯坦说:"'语言游戏'这个用语在这里是要强调,用语言来说话是某种行为举止的一部分,或某种生活形式的一部分。"③ 将

---

① 关于前期维特根斯坦论语言与世界的关系,可参见李文倩:《维特根斯坦论事实》,载丁子江:《东西方研究学刊》(第六辑),2017年,第24—30页。
② 维特根斯坦:《哲学研究》,陈嘉映译,北京:商务印书馆,2016年,第10页。
③ 维特根斯坦:《哲学研究》,陈嘉映译,北京:商务印书馆,2016年,第14页。

"语言"和"游戏"连在一起,大致有两方面的意思:第一,将二者做一类比,指明有各种各样的游戏,也就有各种各样的语言;在各种各样的游戏之间,并无一种共同的本质,由此,在各种各样的语言之间,也就找不出一个叫作"本质"的共同的东西来。第二,语言和游戏一样,都是由规则支配的,没有规则也就无所谓游戏或语言。

"语言游戏"是"生活形式"的一部分,这就是说,我们说各种各样的话,其实也就是在做各种各样的事,而做各种各样的事,其实就是以不同的方式生活。从这一角度看,宗教语言的意义就不在于它是否有所指称,而在于它是否与某一种生活形式联系。科拉科夫斯基说:"开始理解一种宗教语言和开始宗教崇拜,是人们参与一个宗教共同体的生活形式的结果,而不是因为理性说服。"[1] 在这个意义上,我们或许可以认为,宗教信仰并非理性说服的产物,而是和一种宗教的生活形式连在一起。"实践"[2]或"修行"[3]赋予了宗教或神学语言意义。

关于宗教语言和宗教的生活形式之间的关系,普特南明确说道:"克尔凯郭尔和维特根斯坦共同持有这样一个观念:真正理解信教者的言词——无论你是否想谈及它们的'意义'——与理解宗教生活形式是不可分离的……"[4] 在这里,普特南指出,克尔凯郭尔和维特根斯坦都认为宗教语言的意义与某一种宗教的生活形式高度相关。

让我们继续考察维特根斯坦在《哲学研究》一书中是如何讨论"生活形式"这一概念的。维特根斯坦说:"'那么你是说,人们的一致决定什么是对,什么是错?'——人们所说的内容有对有错;就所用的语言来说,人们是一致的。这不是意见的一致,而是生活形式的一致。"[5](Ⅰ241)这一小

---

[1] 转引自谢尔兹:《逻辑与罪》,黄敏译,上海:华东师范大学出版社,2007年,第143页。
[2] 施奈特:《"可回收品分类"?——探讨哈贝马斯对宗教的理解的语言哲学前提》,张庆熊译,载张庆熊、林子淳:《哈贝马斯的宗教观及其反思》,上海:上海三联书店,2011年,第99页。
[3] 维特根斯坦:《维特根斯坦笔记》,许志强译,上海:复旦大学出版社,2008年,第145页。
[4] 希拉里·普特南:《重建哲学》,杨玉成译,上海:上海译文出版社,2008年,第158—159页。
[5] 维特根斯坦:《哲学研究》,陈嘉映译,北京:商务印书馆,2016年,第95页。

段引文包含了这样几层意思：第一，将语言和语言所说的东西做出明确区分，二者不是一回事；第二，就语言所说的东西而言，是有对错的，或者说，人们所表达的意见有对有错；第三，在语言使用的层面上，人们相互之间是有共识的，这种共识并非"意见的一致"，而是源于他们具有共同的生活形式。第三层意思也表明，语言的使用具有公共性；共同的生活形式使人们对语言的使用有了共识，从而使交流或沟通成为可能。

关于"生活形式"，格雷林解释说："语言的和非语言的行为、假定、实践、传统和天然爱好等方面的基本共识才是作为社会存在的人所共有的，因而也是在人们使用的语言中被预先假定了的；语言被编织成人类活动和性格的方式，语言表达式的意义是其使用者共同的观点和天性赋予的。"① 在这里，我们可以看到：第一，"生活形式"既包括语言的层面，又包括非语言的层面，因此，语言只是"生活形式"的一个部分；第二，"生活形式"对于语言或非语言的东西具有先在的规定性，它具有无可怀疑的基础性，甚至是无可言说的——也就是说，我们无法对它下一个明确的定义。

在《哲学研究》的第一部分，共有3个地方出现了"生活形式"一词，我们在以上的讨论中，已根据其出现的先后顺序做了简要的论析。在以下的讨论中，我们将考察在《哲学研究》的第二部分中，作者是如何谈论"生活形式"的。

维特根斯坦说："唯能讲话者才能希望吗？只有掌握了一种语言的用法者。也就是说，希望的诸种现象是从这种复杂的生活形式中产生出来的某些样式。"②（Ⅱ一，1）③ 换一种说法，这里的问题即动物是有"希望"的吗？在维特根斯坦的理解中，对此问题的回答是：没有。因为在他看来，"希望"并非一种本能，不是人或其他动物天生就有的；"希望"是在一定的生活形式中生长出来的特殊样式，它与语言相伴，在这个意义上，动物是不可能有

---

① 格雷林：《维特根斯坦与哲学》，张金言译，南京：译林出版社，2008年，第95页。
② 维特根斯坦：《哲学研究》，陈嘉映译，北京：商务印书馆，2016年，第191页。
③ 此处指《哲学研究》第二部分第一节第一小节。

希望的。如果我们将此观点扩展一下，就可得出这样的结论，即和"希望"一样，"信仰"和"爱"亦非本能，它们也是在一定的生活形式中生长出来的特殊样式。由此，只有人才会有宗教信仰，而动物不可能有。

在《哲学研究》的第二部分，维特根斯坦第5次，也是最后一次提到"生活形式"："须得接受下来的东西，给定的东西——可以说——是生活形式。"①（Ⅱ十，233）这里的意思相对清楚，即对于每一个体而言，"生活形式"并非选择或创造出来的东西，而是先在地给定下来的、我们必须接受的东西——只有在这个前提下，我们丰富多样的生活才有展开的可能。

在本节以上的论述中，我们主要针对维特根斯坦在《哲学研究》一书中关于"生活形式"的一些说法做了简要的论析，并在个别地方给出了一些扩展性的评论。我们看到，尽管我们无法为"生活形式"下一个清楚的定义，但仍然可以认识到它所具有的一些基本特征，比如说它的"确定性"或无可怀疑性。除此之外，哈德逊还认为，这一概念与宗教信仰也有密切的关联，他就此指出："在用这个词汇时，他［维特根斯坦］无疑想到了宗教信仰——正如他借此想到基本命题那样。"②

在哈德逊的分析中，"生活形式"关乎宗教信仰，在这个意义上，我们可将宗教信仰视为从某种生活形式中生长出来的具体样式，它在信仰者的生活中呈现出真实的意义；此外，"生活形式"还与维特根斯坦的另一概念"基本命题"有联系。我们知道，这里所说的"基本命题"，是前期维特根斯坦哲学的一个基本概念。在《逻辑哲学论》中，基本命题是语言中可独立存在的最小单位，基本命题是诸名称在一定形式中的组合，但名称不能单独存在。在这个意义上，基本命题是逻辑分析的"终点"，是不可怀疑的。由此，哈德逊认为，"可以把宗教信仰称作基本命题"③。

---

① 维特根斯坦：《哲学研究》，陈嘉映译，北京：商务印书馆，2016年，第246页。
② 哈德逊：《维特根斯坦泼洒在宗教上的光亮》，郝亿春译，载张志林、程志敏：《多维视界中的维特根斯坦》，上海：华东师范大学出版社，2005年，第379页。
③ 哈德逊：《维特根斯坦泼洒在宗教上的光亮》，郝亿春译，载张志林、程志敏：《多维视界中的维特根斯坦》，上海：华东师范大学出版社，2005年，第375页。

认为维特根斯坦的"生活形式"与宗教信仰有密切联系，这是否是一种"过度诠释"呢？本文认为不是。在直接证据之外，有学者曾指出："……德国符号逻辑学家舒尔茨（H. Scholz）在1921年出版的《宗教哲学》一书中提出这个概念，用生活形式意指宗教意识的方式。"① 尽管没有证据表明维特根斯坦读过这本书并受其影响，但这至少可以表明，在20世纪早期的德语学术文化中，将"生活形式"与宗教勾连起来，并非只有维特根斯坦这一孤例。

三、生命与生活

在传统基督教的理解中，"生命"是一个形而上的概念，人是上帝的造物，其生命是上帝给予的。人的生命所具有的"神圣性"，亦来源于绝对、独一的真神上帝。或用神学的语言说，生命是"肉身向灵魂生成的动态过程"②。在这样一种传统的理解中，生命是指向上帝、灵魂或高处的，它似乎与我们的生活是不大相干的；或者在某种程度上，我们甚至可以说，生活是被生命否弃的对象。

美国哲学家、实用主义者威廉·詹姆斯撰有《宗教经验种种》③一书。在这本书中，他提出了一种对于宗教的世俗化理解。关于此书的要旨，有学者介绍说："詹姆斯竭力使上帝世俗化，把上帝从天国拉回尘世，强调上帝与人有许多相似之处，并且与人保持密切联系。上帝融入人的宗教生活之中，没有上帝也就没有人的宗教生活，同时没有人的宗教生活也就没有上帝。"④ 显然，詹姆斯对宗教的理解因极力强调上帝与尘世生活的联系，而与传统的理解颇为不同。

我们知道，相比20世纪其他哲学家，维特根斯坦对哲学史并不熟悉，

---

① 涂纪亮：《维特根斯坦后期哲学思想研究》，武汉：武汉大学出版社，2007年，第35页。
② 刘小枫：《西美尔论现代人与宗教》，载西美尔：《现代人与宗教》，曹卫东等译，北京：中国人民大学出版社，2003年，第15页。
③ 参见威廉·詹姆斯：《宗教经验种种》，尚新建译，北京：华夏出版社，2005年。
④ 涂纪亮：《实用主义、逻辑实证主义及其他》，武汉：武汉大学出版社，2008年，第391页。

所阅读的哲学书籍亦不算太多，但他对威廉·詹姆斯的《宗教经验种种》，却是悉心阅读，并在关于宗教信仰的问题上深受启发①。詹姆斯强调上帝与生活的联系，维特根斯坦亦接受了这一点，有学者指出："对维特根斯坦来说，上帝就是被无限提升为神圣实在和崇拜对象的人生或人生的意义。"②在这样的理解中，生命与生活就不再是否弃与被否弃的关系，而是有了更为紧密的关联，尽管二者仍然并非一回事。

在维特根斯坦的理解中，宗教信仰是一种生活方式，由此，他甚至对传统的教义持一种批评的态度。在笔记中，维特根斯坦写道："宗教的信仰可以仅仅变成一种类似于对某个参照系统的单纯而热忱的投入。因此，虽说它是信仰，它实际上是一种生活方式，或者说是评估生活的一种方式。"③ 这即是说，宗教信仰既可以是一种生活方式，又可以为我们提供一个评估生活的价值参照体系。在这样的理解中，"正统的教义统统是没有用的"④。

维特根斯坦对宗教信仰的上述理解，除了深受詹姆斯影响，从哲学史的角度看，与康德对宗教信仰的理解也有类似之处。康德将所有的宗教分为两种，即祈求神恩的宗教和道德的宗教，他认为在祈求神恩的宗教那里，一个人什么都不做而仅仅试图通过祈祷成为一个更善的人；道德的宗教则要求每一个人尽己所能，过一种善的生活。康德写道："凡是人自以为为了让上帝喜悦，除了善的生活方式之外，还能够做的事情，都是纯然的宗教妄想和对上帝的伪侍奉。"⑤ 在这里，我们可以看到，维特根斯坦和康德都强调宗教信仰与人的生活的联系，只是康德更强调"道德"的因素。

维特根斯坦较少考虑"道德"的因素。在生命与生活的关系问题上，他

---

① 关于维特根斯坦与詹姆斯关系的研究，可参见陈启伟：《维特根斯坦与詹姆士》，载《西方哲学研究——陈启伟三十年哲学文存》，北京：商务印书馆，2015年，第546—557页。
② 陈启伟：《维特根斯坦论宗教》，载《西方哲学研究——陈启伟三十年哲学文存》，北京：商务印书馆，2015年，第535页。
③ 维特根斯坦：《维特根斯坦笔记》，许志强译，上海：复旦大学出版社，2008年，第111页。
④ 维特根斯坦：《维特根斯坦笔记》，许志强译，上海：复旦大学出版社，2009年，第92页。
⑤ 伊曼努尔·康德：《康德论上帝与宗教》，李秋零编译，北京：中国人民大学出版社，2004年，第433页。

更多考虑二者之间是否是适配的。在他看来，我们的生活方式一旦不适应生命的要求，就会给我们的心灵带来无尽的苦恼。有的学者指出："生活方式不适合生命要求，便造成心灵困惑；解决心灵困惑的方式只能是过一种适合生命要求的生活。"①

在我们的日常生活中，每个人在某种程度上，或多或少都经历过各种各样的痛苦，其中包括心灵的苦恼与挣扎。维特根斯坦认为，正是生活中的种种痛苦和不幸，"能够教育人去信仰上帝"②。但对上帝的信仰，并不只是单纯地祈求其来减轻或消除人们的痛苦，根本之处仍然在于：改变我们的生活态度和生活方式，使生活的问题消失。

"生活问题"的出现，包括生活中的种种痛苦乃至心灵的苦恼，其根本在于我们的生活态度和生活方式与生命的要求之间存在错位。维特根斯坦说："如果生活变得难以忍受，我们会想到改变我们的环境。但是，最重要的和最有效的改变，即改变我们自己的态度。"③ 要改变生活态度，是非常困难的，只有当我们深入生活之时，才有改变的可能。

从生活态度的改变到生活方式的改变，是一个逐步深入的过程。而生活方式的改变，并非对"生活问题"的"解决"，而是在根本上取消了问题，使之消失不见。维特根斯坦说："要解决你在生活中看见的问题，其途径便是，以一种促使可疑事物消失不见的方式来生活。"④ 在这个意义上，只有当我们的生活态度和生活方式适合生命的要求、二者适配无间时，生活的问题才会永久消失。

四、结语

本文写作的总体目标，即在维特根斯坦哲学与其宗教（或伦理）思想之

---

① 张学广：《维特根斯坦：走出语言囚笼》，沈阳：辽海出版社，1999年，第213页。
② 维特根斯坦：《维特根斯坦笔记》，许志强译，上海：复旦大学出版社，2008年，第145页。
③ 维特根斯坦：《维特根斯坦笔记》，许志强译，上海：复旦大学出版社，2008年，第91页。
④ 维特根斯坦：《维特根斯坦笔记》，许志强译，上海：复旦大学出版社，2008年，第48页。

间，提供一种贯通的理解，从而让我们更好地理解维特根斯坦哲学的宗教维度，以及其宗教思想与哲学之间的内在关联。为达成此目标，在本文第一节，我们主要讨论了"语言批判"及其宗教、伦理意义；在本文第二节，我们主要以《哲学研究》为文本基础，讨论了"生活形式"及其与宗教的关联；在本文第三节，我们则主要以维特根斯坦的笔记为文本基础，讨论了他对生命与生活关系的理解。笔者相信，从哲学与宗教这两个角度出发，对维特根斯坦的思想提供一种贯通的理解是一项有价值的学术工作，尽管笔者在这里所做的还相对处于初级水平。

事实与价值①

——从新康德主义到维特根斯坦

事实与价值的两分，在西方思想史上是一个极为核心的问题。正如普特南指出的，这一问题不仅有其深刻的理论意义，而且与今天人类的现实处境密切相关。在《事实与价值二分法的崩溃》一书的导论中，普特南写道："在我们的时代，'事实'判断与'价值'判断之间的差别是什么的问题并不是一个象牙塔里的问题。简直可以说是一个生死攸关的问题。"② 在此意义上，对事实与价值这一理论问题的探讨，当有其现实的紧迫性。

在一般的叙述中，休谟被认为是事实与价值问题的最早提出者，他提出人们无法从"是"的东西有效地推出"应当"；也就是说，在"是"与"应当"之间，存在一个无法逾越的"鸿沟"。在此之后，人们围绕这个问题，或赞同或反对，提出了许多不尽相同的意见。而且，随着时间的推移，人们在讨论这个问题时，对相关核心概念的理解，也发生了很大的变化。比如，对于"事实"这一概念，如普特南指出的："休谟式的'事实'概念只是关于能够对之形成一种可感'印象'的东西的概念。"③ 但随着"相对论和量

---

① 原载江畅等：《价值论与伦理学研究》（2016上半年卷），北京：社会科学文献出版社，2017年。
② 希拉里·普特南：《事实与价值二分法的崩溃》，应奇译，北京：东方出版社，2006年，第2页。
③ 希拉里·普特南：《事实与价值二分法的崩溃》，应奇译，北京：东方出版社，2006年，第23页。

子力学的成功","'事实'就是可感'印象'的观念几乎再也站不住脚了。"①

人们在相关的讨论中,对核心概念的理解产生了极大的变化,这并不意味着后来者对此问题的讨论,与前辈哲学家所做的工作是毫不相干的。因为,后来者所讨论的问题,与前辈哲学家所讨论的问题,有一种"历史—因果"的联系。

在现代哲学史上,维特根斯坦被认为是一位相当独特的哲学家,这不仅表现在他前后期哲学之间存在的巨大分野,也表现在他与传统的哲学史之间,只有一种非常微弱的联系。尽管如此,这并不表明我们就不能将他的思想放在某一思想史的背景中进行考察。

有学者指出,对于维特根斯坦,"如果非要把他放到某个哲学学派中,就最好自始至终把他看成是一种新康德主义者"②。这是就维特根斯坦哲学的整体情况而言的。笔者进而认为,在"事实与价值"这一特定的问题上,维特根斯坦尤其是前期维特根斯坦,与新康德主义者如文德尔班、李凯尔特等人有一种思想上的联系。因此,本文的主要工作即对这一基于问题的、可能的思想联系,给出一个简明的勾画图示,以期在比较中加深我们对维特根斯坦哲学的理解。

一、文德尔班论事实与价值

新康德主义者面临的一大难题,即哲学或人文科学的合法性问题。我们知道,在传统意义上,哲学讨论的问题是包罗万象的,既包括自然宇宙,亦包括人事伦理。但自伽利略之后,随着自然科学的不断成熟,关于自然的诸多问题,逐渐被自然科学接管;而随着学术分工的不断细化,哲学家在一些专门的知识领域逐渐失去了发言权。到19世纪,以物理学为典范的自然科

---

① 希拉里·普特南:《事实与价值二分法的崩溃》,应奇译,北京:东方出版社,2006年,第23页。

② 谢尔兹:《逻辑与罪》,黄敏译,上海:华东师范大学出版社,2007年,第14页。

学已相当成熟；此时，心理学作为一门不断成熟的科学，也从哲学领域中"解放"出来，获得了独立的学科地位。有关人自身知识的很大一块区域，都被心理学接管了。

如此一来，哲学还有继续存在的必要吗？如果有必要，哲学的研究对象是什么？我们当如何为哲学的合法性辩护？针对这一难题，新康德主义者提出了这样一种思路，即基于事实与价值的两分，我们可以认为，无论是物理学还是心理学，作为科学，它们所研究的都是事实问题，是对自然万物或人类心理之运行机制的探究。但是，无论我们对事实问题的探究达到了何等深入的程度，在根本的意义上，价值问题仍未被触及。在这种意义上，"哲学只有作为普遍有效的价值的科学才能继续存在。"①

基于以上理解，文德尔班认为，哲学的任务不在于对事实问题的探究，而在于为价值问题"立法"。他这样写道："哲学有自己的领域，有自己关于永恒的、本身有效的那些价值问题，那些价值是一切文化职能和一切特殊生活价值的组织原则。但是哲学描述和阐述这些价值只是为了说明它们的有效性。哲学并不把这些价值当作事实而是当作规范来看待。因此哲学必须把自己的使命当作'立法'来发扬，但这立法之法不是哲学可随意指令之法，而是哲学所发现和理解的理性之法。"② 在这里，文德尔班强调价值不是事实而是一种理性的规范，表明在他的理解中，事实与价值是截然两分的。

根据新康德主义者的理解，哲学是一种对价值的探究，那么在此基础之上，它可以帮助我们理解生活的意义是什么。李凯尔特说："如果哲学能够建立起一种无所不包的价值学说，那么哲学就能以此为基础试图理解我们生活的意义是以什么样的价值为依据，从而能够从理论上说明我们称之为我们

---

① 文德尔班：《哲学史教程——特别关于哲学问题和哲学概念的形成和发展》（下卷），罗达仁译，北京：商务印书馆，1993年，第927页。
② 文德尔班：《哲学史教程——特别关于哲学问题和哲学概念的形成和发展》（下卷），罗达仁译，北京：商务印书馆，1993年，第927页。

的世界观的那种东西。"①

通过以上讨论，我们可以非常清楚地看到，新康德主义者为哲学辩护的关键词，毫无疑问是"价值"。而他们的辩护思路，其实非常简单，即事实和价值两分：科学研究事实，哲学研究价值。在这样一种思想框架内，人文科学存在的价值也就只能和哲学一样，表现在对价值问题的探究上。有关这一点，正如莱尔德在《价值的理念》（1929）一书中所言："'价值'是将所有人文科学从目前悲哀的处境中（说得好听一点儿，是无用的状态中）解救出来的关键。"②

文德尔班通过对文化科学和自然科学进行比较研究，为人文科学存在的合法性提供辩护。有关这一点，我们将以其《历史与自然科学》一文为主要依据，对相关问题做一简要考察。在讨论具体细节之前，有必要指明的是，新康德主义者关于文化科学和自然科学的区分，有一个基本的形而上学前提，即文化与自然之分。有关这一点，我们在讨论李凯尔特的时候，再来做较为细致的考察。

新康德主义者所说的文化科学，以历史学为典范。在《历史与自然科学》一文中，文德尔班写道："自然研究与历史的分别，首先开始于利用事实来构成知识的时候。这时候我们就看到，前者追求的是规律，后者追求的是形态。在自然研究中，思维是从确认特殊关系进而掌握一般关系，在历史中，思维则始终是对特殊事物进行亲切的摹写。"③ 简而言之，即自然科学追求一般的规律，而历史学则追求特殊的形态。如果照此观点推论，以往曾广泛流行的"历史规律"一说，就存在一个范畴上的错误。因为历史根本就没有规律，亦不以追求规律为目的。

自然科学以追求一般性的规律为目的，因此，特殊或个别的东西，只有

---

① 亨里希·李凯尔特：《李凯尔特的历史哲学》，涂纪亮译，北京：北京大学出版社，2007年，第210页。
② 转引自冯平：《重建价值哲学》，《哲学研究》，2002年第5期，第9页。
③ 文德尔班：《历史与自然科学》，王太庆译，载洪谦：《西方现代资产阶级哲学论著选辑》，北京：商务印书馆，1964年，第59页。

在某些情况下充当例证的功能，价值有限。而"对于历史学家来说，任务则在于使某一过去事象丝毫不走样地重新复活于当前的概念中。他对于过去曾经实存过的东西所要完成的任务，颇像艺术家对于自己想象中的东西所要完成的任务。历史工作之与美术工作相近，历史科学之于文艺相近，根源即在于此"①。在这里文德尔班表明，就对具体或个别东西的重视而言，历史和文艺有相近的地方。

历史和文艺的另一相近之处，在于它们都倾向于一种直观的思维方式，而不同于科学概念的抽象。文德尔班说："在自然科学思想中主要是倾向于抽象，相反地，在历史思想中主要是倾向于直观。"② 抽象的思维方式，把握的是自然事物的规律或本质。而直观的思维方式，则更适合把握人类的心灵生活。李凯尔特也说："艺术不是从概念上而是直觉地（如果可能的话）把握心灵生活，以便借助于一种与科学方法全然不同的方法把心灵生活提升到一个具有普遍意义的领域。"③

历史或文学艺术，以直观的方式把握特殊的或个别的东西。文德尔班认为，只有个别的东西，才是真正有价值的。他就此写道："人类的一切兴趣和判断，一切评价，全都与个别的、一次性的东西相联系。我们要考虑到，只要感情的对象一旦变多，或者成为千万个同类现象之一例，我们的感情就立刻变得麻木不仁了。"④ 在这里，可以看出，一旦我们面对的东西由个别的变成一般的，我们的感情活动即告终止，而进入认识活动了。文德尔班还认为，一次性、不可重复性是有价值的另一前提条件。他就此写道："生命如果过去已经存在过不知多少次，次次都是刻板文章，那还有什么价值可

---

① 文德尔班：《历史与自然科学》，王太庆译，载洪谦主编：《西方现代资产阶级哲学论著选辑》，北京：商务印书馆，1964 年，第 59 页。引文中的着重号为原文所有。下同。
② 文德尔班：《历史与自然科学》，王太庆译，载洪谦主编：《西方现代资产阶级哲学论著选辑》，北京：商务印书馆，1964 年，第 59 页。
③ 亨里希·李凯尔特：《文化科学和自然科学》，涂纪亮译，北京：商务印书馆，1986 年，第 57 页。
④ 文德尔班：《历史与自然科学》，王太庆译，载洪谦主编：《西方现代资产阶级哲学论著选辑》，北京：商务印书馆，1964 年，第 63 页。

言！……个人生命固然如此，整个历史过程也完全一样：它之所以有价值，仅仅在于它是一次性的。"①

基于以上两点，我们即可看出，历史学和自然科学的基本分野在于：历史学所研究的，是个别的、一次性的生命及其历史；而自然科学的研究对象，则是一般的、可重复的东西。因此，作为文化科学典范的历史学，就一定与价值相关。而与之相对的自然科学，则无关乎价值。

人文科学与价值相关，因此，在具体的研究中，也就需要一种不同于自然科学的研究方法。张庆熊在讨论狄尔泰时指出："自然科学所做的这一系列工作就是对自然现象的'说明'。我们的精神活动是我们能直接体验到的活动，我们的文化世界是我们自己创造的世界。我们的行为和作品包含意义和价值。文化的世界处在意义的关联中。因此精神科学的任务就是去'理解'我们的心灵的生活及其文化作品。"② 在这个意义上，如果说自然科学的目的在于对自然现象进行说明，那么人文科学的目的则在于寻求心灵的理解。

如何理解这里的"理解"呢？韩水法在《韦伯社会科学方法论概论》（汉译本序）一文中说："理解的主要特征就是神入理解，即对他人心境的重新体验。"③ 这似乎是在说，在某种程度上，理解意味着一种移情能力。如果缺乏或没有这样的移情能力，那么我们就很难在人文科学的研究上，取得真正像样的成绩。马克斯·韦伯说："谁想在即使是纯粹经验的艺术史的研究上有所成就，谁就需要有'理解'艺术产生的能力，不言而喻，倘无美学判断力，又倘无评价的能力，这是不可想象的。对于政治史学家、文学家、

---

① 文德尔班：《历史与自然科学》，王太庆译，载洪谦主编：《西方现代资产阶级哲学论著选辑》，北京：商务印书馆，1964年，第64页。
② 张庆熊：《社会科学的哲学——实证主义、诠释学和维特根斯坦的转型》，上海：复旦大学出版社，2010年，第32页。
③ 马克斯·韦伯：《社会科学方法论》，韩水法、莫茜译，北京：商务印书馆，2013年，第xvi页。

宗教或哲学史家，情况自然也都一样。"①

在以上已论及的所有内容之外，在人文科学和自然科学之间，文德尔班还注意到了一个根本性的区别，即自然科学具有预测功能。他据此写道："一般规律的知识无论在什么地方都有实践的价值，可以使我们预见未来的局面，使人能够有目的地干预事物的进程。"② 自然科学具有预测功能，在这一点上，人们持有大致相似的见解，比如孔德也认为，"理性预测构成真正科学的主要品格"③。

但在人文科学是否能够提供预测这一点上，人们似乎是有争议的。历史"规律"论者言之凿凿地说，我们可以把整个人类的历史，划分为五个阶段；而且，从较低的社会发展阶段到较高的社会发展阶段，这一历史过程是必然的、不可逆转的。在这个意义上，历史似乎是可以预测的。就此问题，英国学者彼得·温奇说："当我们谈论对此类社会发展作出科学预言的可能性的时候，我们其实不知道我们在说些什么。我们不能理解它，因为它根本就没有意义。"④

就上述自然科学和人文科学的预测问题，张庆熊在讨论波普尔的理论时，给出了一个简明的分析，他说："［自然］科学理论是能够用来预言的，而其预言的事件是否确实发生，就成为检验该理论的证据。有的理论不对将要发生的事件进行预言，而只对已经发生的事件进行解释。这样的理论就不是［自然］科学理论。许多文学理论、美学理论、宗教理论、历史理论，就是这样的只进行解释而不进行预言的理论。"⑤ 认清这一点，有助于我们更

---

① 马克斯·韦伯：《社会科学方法论》，韩水法、莫茜译，北京：商务印书馆，2013年，第188页。
② 文德尔班：《历史与自然科学》，王太庆译，载洪谦：《西方现代资产阶级哲学论著选辑》，北京：商务印书馆，1964年，第61页。
③ 奥古斯特·孔德：《论实证精神》，黄建华译，南京：译林出版社，2011年，第25页。
④ 彼得·温奇：《社会科学的观念及其与哲学的关系》（第二版），张庆熊、张缨等译，上海：上海人民出版社，2004年，第102页。
⑤ 张庆熊：《社会科学的哲学——实证主义、诠释学和维特根斯坦的转型》，上海：复旦大学出版社，2010年，第57页。

好地理解人文科学理论本身的性质。

二、 李凯尔特论事实与价值

李凯尔特在文德尔班的基础上,对相关论题进行了深化。在文化科学和自然科学关系的讨论中,李凯尔特首先从形而上学的角度,做出了文化和自然的区分。我们知道,这样一种充满张力的区分,在哲学史上有着漫长的历史。所谓文化,即指人为的东西;而与此相对应的自然,即指非人为的东西。在这一对概念中,不同路径的思想家或思想流派,各有其不同的着眼点或者说是偏爱之处。浪漫主义者倡导"回归自然",同时意味着对人为的东西持贬低态度。与此相反,黑格尔认为自然的东西是低级的,而人的或者说精神的东西才是高级的。

有关自然和文化,李凯尔特有这样一段生动的说明:"自然产物是自然而然地由土地里生长出来的东西。文化产物是人们播种之后从土地里生长出来的。根据这一点,自然是那些从自身中成长起来的,'诞生出来的'和任其自生自长的东西的总和。与自然相对立,文化或者是人们按照预计目的直接生产出来的,或者是虽然已经是现成的,但至少是由于它所固有的价值而为人们特意地保存着的。"[①]

在上段引文中,李凯尔特不仅表明自然的即非人为的,文化的即人为的,而且他指出,所谓自然的东西,是自发的、无目的的;文化的东西则是人们按某一特定的目的生产出来的。说自然是无目的的,这是近代以来的理解。在古希腊的亚里士多德那里,自然是一种目的性的存在。这就表明,在对自然本身的理解上,有一个所谓的古今之变。

胡塞尔说:"自伽利略起,理念化了的自然就开始不知不觉地取代了前

[①] 亨里殺·李凯尔特:《文化科学和自然科学》,涂纪亮译,北京:商务印书馆,1986年,第20页。

科学的直观的自然。"① 在这里，我们有理由认为，"前科学的直观的自然"是一个目的性的存在。而随着自然的"理念化"，或者更确切地说是数学化，自然即成了一个无目的的机械的存在。自然科学的研究对象，即这样一个脱离了直观色彩的、机械的自然。由此，李凯尔特说："自然科学……朝着无目的的、有效的规律推进，历史学始终被禁锢于人的规章制度之内。"②

对自然和文化做出了以上区分之后，李凯尔特还指出，文化是与价值相关的东西，而自然的东西则与价值无关。他说："价值（wert）是文化对象所固有的，因此我们把文化对象称为财富（Güter），以便使文化对象作为富有价值的现实同那不具有任何现实性并且可以撇开现实性的价值本身区别开来，自然现象不能当成财富，因其与价值没有联系。"③

自然是无目的的、与价值无关的东西，在这个意义上，李凯尔特否定了"自然权利"的存在，他说："与一个纯粹数量的原子世界或者其他任何以形而上学方式实体化的普遍概念相似，自然权利也不是一种实在。"④ 说"自然权利"不是一种实在，即说它不过是一个虚构的概念，因为"自然"和"权利"分属不同的范畴。李凯尔特还认为，只有从历史形态的角度出发，我们才能真正理解"权利"意味着什么。他就此写道："只有当人们考虑到道德和权利的历史形态，从而只有当人们不再试图达到一种普遍的、按照自然科学方法或者普遍化方法形成的关于权利的类概念时，才能获得一些普遍有效的、内容充实的伦理规范或者权利规范。"⑤

基于以上讨论，我们可以清楚地看到，李凯尔特认为，是否有价值构成

---

① 埃德蒙德·胡塞尔：《欧洲科学危机和超验现象学》，张庆熊译，上海：上海译文出版社，2005 年，第 66 页。
② 亨里希·李凯尔特：《李凯尔特的历史哲学》，涂纪亮译，北京：北京大学出版社，2007 年，第 137 页。
③ 亨里希·李凯尔特：《文化科学和自然科学》，涂纪亮译，北京：商务印书馆，1986 年，第 21 页。
④ 亨里希·李凯尔特：《李凯尔特的历史哲学》，涂纪亮译，北京：北京大学出版社，2007 年，第 233 页。
⑤ 亨里希·李凯尔特：《李凯尔特的历史哲学》，涂纪亮译，北京：北京大学出版社，2007 年，第 234 页。

了文化和自然分界的标志。由此,如何理解"价值"本身,就成了一个关键的问题。李凯尔特就此指出:"关于价值,我们不能说它们实际上存在着或不存在,而只能说它们是有意义的,还是无意义的。"① 这就是说,在李凯尔特的理解中,价值关乎意义,而与实际无关。

事实上,在李凯尔特那里,他认为价值不是任何一种"现实",而是一种规范性的存在。他说:"价值决不是现实,既不是物理的现实,也不是心理的现实。价值的实质在于它的有效性,而不在于它的实际的事实性。"② 在这里,我们可以清楚地看到,李凯尔特认为事实与价值是两分的。也即是说,在现象界之外,存在一个独立的价值王国。

李凯尔特继承了文德尔班的思想,认为在自然科学和文化科学的关系问题上,自然科学寻求一般性的普遍规律,而文化科学则着眼于个别的、特殊的东西。他说:"当我们从普遍性的观点来观察现实时,现实就是自然;当我们从个别性和特殊性的观点来观察现实时,现实就是历史。"③

自然科学和文化科学有着不同的性质和目的,这就决定了我们通常所谓的"规律",对它们有着不同的意义。马克斯·韦伯对此有清楚的认识,他这样写道:"对于精确的自然科学来说,'规律'愈普遍有效,它们就愈重要和愈有价值;而对于赋有具体前提条件的关于历史现象的认识来说,最一般的规律因为其内容最为空洞,所以也就最无价值。"④ 基于这一认识,李凯尔特也明确指出:"规律绝不能成为在从其个别性方面叙述一次性的历史发展系列时所使用的那种指导原则,此时所使用的始终是价值,因为只有当考

---

① 亨里希·李凯尔特:《文化科学和自然科学》,涂纪亮译,北京:商务印书馆,1986年,第21页。
② 亨里希·李凯尔特:《文化科学和自然科学》,涂纪亮译,北京:商务印书馆,1986年,第78页。
③ 亨里希·李凯尔特:《文化科学和自然科学》,涂纪亮译,北京:商务印书馆,1986年,第51页。
④ 马克斯·韦伯:《社会科学方法论》,韩水法、莫茜译,北京:商务印书馆,2013年,第34—35页。

虑到价值时，个别之物才可能变成本质之物。"①

以上的讨论已经指出，在李凯尔特的理解中，自然无关乎价值。因此，自然科学的研究也就不以与价值有关的东西为对象。李凯尔特指出："自然科学的思考愈加彻底，自然科学就会愈加坚决地拒绝谈论那些以价值为依据而得到阐释的生命和历史的'意义'。"② 而文化科学则与此不同，它必然涉及价值的问题。李凯尔特说："只有当个别化的叙述受普遍价值或文化价值指导的时候，这种个别化叙述才能被称为科学的。"③

文化科学的研究，必然关乎价值。这就出现了一个问题，即价值在相当大的程度上，不可避免地带有某种程度的主观性；这样一来，文化科学之为科学的客观性，似乎就得不到保障。事实上，直到今天，这仍然是一种对人文科学最常见的责难。针对这一问题，马克斯·韦伯提出了"价值关联"和"价值无涉"的概念，前者表明了文化科学必然关乎价值的特征，后者则倡导文化科学研究者在具体的问题上应该不做主观随意的评价，以保证文化科学研究的客观性。

有关"价值关联"，马克斯·韦伯写道："的确，若是没有研究者的价值观念就没有选择材料的原则和关于个别实在的有意义的认识，正如若是没有研究者对无论何种文化内容的意义的信念，一切关于个别实在的研究就根本是无意义的，所以研究者个人信念的方向、价值在他心灵之镜中折射出的色彩指示了他研究的方向。"④ 这就表明，研究者本人的价值信念，为他选择什么样的研究方向指明了道路。由此，马克斯·韦伯进而解释说："'价值关联'这一短语只意味着关于特殊的科学'兴趣'的哲学解释，而这种兴趣支

---

① 亨里希·李凯尔特：《李凯尔特的历史哲学》，涂纪亮译，北京：北京大学出版社，2007年，第141页。
② 亨里希·李凯尔特：《李凯尔特的历史哲学》，涂纪亮译，北京：北京大学出版社，2007年，第152页。
③ 亨里希·李凯尔特：《文化科学和自然科学》，涂纪亮译，北京：商务印书馆，1986年，第118页。
④ 马克斯·韦伯：《社会科学方法论》，韩水法、莫茜译，北京：商务印书馆，2013年，第37页。

配着经验研究对象的选择和形成。"①

举例来说，假定有一位历史学者，他对 20 世纪中国所发生的大规模革命深有兴趣但又感到困惑不解。他由此想到，如果将发生在中国的革命，与法国大革命做一比较研究，又会得出怎样的结论呢？基于这一价值上的关联，他选择了法国大革命作为自己的研究方向。这一基于研究者自身兴趣的选题，在马克斯·韦伯看来是完全可以接受的。但是，马克斯·韦伯之所以又提出"价值无涉"的概念，是因为他要强调，在对具体问题的研究过程中，文化科学的研究者，不能以一己偏好，随意给予研究对象以肯定或否定的评价。只有这样，才能保证文化科学研究的客观性。

回到李凯尔特对自然科学和文化科学之关系的讨论上来。李凯尔特认为，数学作为一个例外，既不属于自然科学，又不属于文化科学。就此问题，他这样写道："一般说来，自然科学和文化科学之间的区别仅仅对真实对象的科学才是适用的。象数学那样的关于观念存在的科学，既不属于自然科学，也不属于文化科学。"②

李凯尔特还认为，自然科学和文化科学的区分，比狄尔泰所谓自然科学和精神科学的区分要来得准确和有意义得多。他就此写道："……普遍化的自然科学和个别化的文化科学这两个概念，比通常流行的自然科学和精神科学的对立，无论在逻辑方面或者在事实方面都比较深刻得多地说明了经验科学工作的两种基本倾向。自从'精神'失去了它的精确意义之后，自然科学和精神科学的对立已变得完全没有意义。"③ 在这个意义上，李凯尔特自认为他对自然科学和文化科学关系的讨论，比狄尔泰的工作更有成效。

---

① 马克斯·韦伯：《社会科学方法论》，韩水法、莫茜译，北京：商务印书馆，2013 年，第 175 页。
② 亨里希·李凯尔特：《文化科学和自然科学》，涂纪亮译，北京：商务印书馆，1986 年，第 33 页。
③ 亨里希·李凯尔特：《文化科学和自然科学》，涂纪亮译，北京：商务印书馆，1986 年，第 119 页。

三、维特根斯坦：深化与扩展

美国学者谢尔兹说，在某种意义上，我们可以将维特根斯坦看作一个"新康德主义者"。就本文所关心的"事实与价值"而言，笔者认为，这样一种对维特根斯坦的"归类"是有道理的。

在以上的讨论中，我们已经清楚地看到，无论是文德尔班还是李凯尔特，他们对文化科学和自然科学关系的讨论，都基于一种形而上学的区分，即文化和自然有别。在这两者中间，根本性的区别在于：文化关乎价值，而与之相对的自然则与价值无关。在这个意义上，我们似乎可以说，自然科学研究自然界中的诸事实，而文化科学在根本上则是一种价值研究。因此，作为一种价值研究的文化科学，有其无可替代的价值。就对价值本身的理解而言，李凯尔特认为，价值不在现实世界之中，因此，它也就不是任何一种现实，无论这种现实是物理的还是心理的。

至少在前期维特根斯坦那里，事实与价值之间存在严格的区分。针对《逻辑哲学论》，有的研究者明确指出："我们认为该书潜在的思想结构就在于：该书实际上对于事实（Tatsachen）和价值（Wert）这两个核心概念作了严格的区分。"[①] 维特根斯坦之所以能做出这一"严格"的区分，笔者认为，是因为他使用了逻辑分析的手段。在这个问题上，韩林合也说："维特根斯坦实际上将人们通常所说的价值和事实的区分推向了极端：所有真正的价值或具有这样的价值的事项——不仅仅是所谓的神秘事项——都处于事实世界之外，都是不可言说的。"[②]

维特根斯坦在《逻辑哲学论》一书的序言中，表明此书最主要的工作任务在于为思想的表达"划界"，即在可说与不可说之间，划出一条严格的界限。简单说来，维特根斯坦认为，事实的世界是可说的，以命题的形式呈现

---

① 徐弢：《论〈逻辑哲学论〉的第三条解读路径》，《湖北大学学报》（哲学社会科学版），2015年第3期，第78页。

② 韩林合：《〈逻辑哲学论〉研究》，北京：商务印书馆，2007年，第764页。

出来。在事实的世界之外,还有一个绝对价值的"世界",而"绝对价值"是不可说的。对于不可说的东西,我们唯有保持沉默。在这个意义上,维特根斯坦以语言的逻辑分析为手段,在事实与价值之间,划出了一条严格的界限。

与新康德主义者相比,前期维特根斯坦一方面跟新康德主义者一样,坚持在事实与价值之间,存在一种形而上学的严格区分;而另一方面,在具体的分析过程中,维特根斯坦以语言的逻辑分析为手段,无疑是将此论题精致化了。在以上的分析中,我们已经看到,新康德主义者在讨论事实与价值问题的时候,较少注意语言的维度,更没有像维特根斯坦那样,为此问题提供一种相当技术化的分析。

维特根斯坦认为,真正的价值或曰"绝对价值"是不可说的,因此,对其我们"必须以沉默待之"(7)①。维特根斯坦的这一"禁令",从表面看来,似乎不过是在说,在这样一些"不可说"实际上也扯不清楚的价值问题上,人们最好选择闭嘴。而所谓伦理学,则不过是一些人毫无自知之明的喋喋不休。事实上,1929年,维特根斯坦发表有关伦理学的演讲,在亲自打破这一"禁令"的同时,也表明了他对伦理学或价值问题的高度重视。从这一角度看,正如有的学者所指出的:"《逻辑哲学论》真正想告诉我们的是:不要拘泥于现实的由语言和命题所组成的事实世界或科学世界,更加应该注重的是与我们息息相关的世界整体之间的相互关系。我们不仅要分析和阐明命题的逻辑和语义,更应该关注生命的意义和价值,关注我们和世界之间的生存状态。"②

在前期维特根斯坦那里,事实和"绝对价值",是截然两分的。与此同时,他也认识到,有一些价值问题,是与事实"纠缠"在一起的,他将这样一些价值称为"相对价值"。前期维特根斯坦认为,绝对价值才是真正的价

---

① 维特根斯坦:《逻辑哲学论》,韩林合译,北京:商务印书馆,2013年,第121页。
② 徐弢:《论〈逻辑哲学论〉的第三条解读路经》,《湖北大学学报》(哲学社会科学版),2015年第3期,第80页。

值，但自 20 世纪 30 年代以后，随着维特根斯坦思想的转变，他逐渐放弃或者说较少谈及绝对价值的问题了。与此相伴的，是他对语言之实际用法的高度关注。

有学者指出："维特根斯坦在其后期哲学中论证，在我们语言的实际使用中，价值判断和事实判断往往是交叉在一起的，如'这个人救了一个落水的小孩'或'这个人偷盗'之类的句子既包含事实判断，又含有价值判断。我们对语言的使用涉及遵循语言用法的规则，而这些规则受到生活形式中的价值观念的影响。要想严格区分事实判断和价值判断，在实际的社会生活中往往是不可能的。"①

后期维特根斯坦通过对日常语言之实际用法的分析，认识到事实与价值的截然两分不过是一种形而上学的虚构。而且，正如普特南指出的，只有在一种实际的用法之中，我们才有可能确定"事实"这一语词意味着什么。在《实在论的多副面孔》一书中，普特南写道："在没有明确所使用的语言的情况下，去谈论'事实'就等于什么也没有谈论；'事实'这个词的用法和'存在'或'对象'这些词一样，都没有被实在本身固定下来。"②

在以上的论述中，我们引述了相关学者的研究，指明通过后期维特根斯坦对日常语言的分析，在事实与价值的问题上，可以得出一些不同于传统观点的结论。但维特根斯坦本人在其后期哲学之中，对事实与价值的问题，并无多少直接的讨论。而我们也看到，一些新实用主义者如普特南、古德曼等，在对事实与价值问题的讨论中，较多地吸收了后期维特根斯坦的哲学思想。基于这一理由，在以下的讨论中，我们将主要以普特南的观点为主，对事实与价值的问题做一扩展性评述。

对事实与价值的问题，普特南做了相当多的讨论。在《理性、真理与历

---

① 张庆熊：《社会科学的哲学——实证主义、诠释学和维特根斯坦的转型》，上海：复旦大学出版社，2010 年，第 24—25 页。

② 希拉里·普特南：《实在论的多副面孔》，冯艳译，北京：中国人民大学出版社，2005 年，第 30 页。

史》一书中，有两章内容涉及此问题，即第六章的"事实和价值"和第九章的"价值，事实和认知"。而在《事实与价值二分法的崩溃》一书中，普特南则更是聚焦于此，对事实与价值的两分提出了彻底的反驳。

普特南的总体性思路，在于认为事实与价值之间是一种相互"缠结"①的关系，而不可能是截然两分的。由此，他说："实在'世界'是依赖于我们的价值的（反之亦然）。"②"一个没有价值的存在也就无所谓事实。"③ 为了更好地理解引文中的观点，我们以自然科学为例。在一般的理解中，新康德主义者和前期维特根斯坦，都认为自然科学所面对的，是一个事实的世界，因此与价值无关。

但普特南并不这么认为，在他看来，即使是在自然科学的探究活动中，价值因素亦无可避免。普特南说："事实和价值的二分法至少是极为模糊的，因为事实陈述本身，以及我们赖以决定什么是、什么不是一个事实的科学探究惯例，就已经预设了种种价值。"④ 这些预设的诸种价值，包括"融贯性""简单性""美"和"自然"⑤ 等。古德曼在《构造世界的多种方式》一书中，也谈到了科学对"简单性"的追求，他说："大多数科学法则是这样的一类法则：不是关于详细资料的殷勤报告，而是彻底的强求一致的简化。"⑥从这一角度看，所谓纯然的事实，则不过是一种人为的虚构。

普特南否认事实与价值的截然二分，但他并非像某些后现代主义者那样，认为在事实与价值之间，不存在任何可能的区分。普特南明确指出，在

---

① 希拉里·普特南：《事实与价值二分法的崩溃》，应奇译，北京：东方出版社，2006年，第40页。
② 希拉里·普特南：《理性、真理与历史》，童世骏、李光程译，上海：上海译文出版社，2005年，第152页。
③ 希拉里·普特南：《理性、真理与历史》，童世骏、李光程译，上海：上海译文出版社，2005年，第223页。
④ 希拉里·普特南：《理性、真理与历史》，童世骏、李光程译，上海：上海译文出版社，2005年，第145页。
⑤ 希拉里·普特南：《事实与价值二分法的崩溃》，应奇译，北京：东方出版社，2006年，第40页。
⑥ 纳尔逊·古德曼：《构造世界的多种方式》，姬志闯译，伯泉校，上海：上海译文出版社，2008年，第125页。

某些可能的条件之下,事实与价值的区分,不仅是可能的,而且是有用的。他就此写道:"如果我们缩小事实与价值的两分法,我们得到的将是:在伦理判断与其他种类的判断之间引出的一种区分(这种区分在某些语境中是有用的)。[……]但是,从存在这种(温和的)意义上的事实与价值的区分不能推出任何形而上学的结论。"① 在这里,我们可以清楚地看到,普特南认为,在某些特殊的语境中,事实与价值的实用主义区分是可能的;但他不认为这一实用主义的区分能有效地推出任何"形而上学"的结论。

在日常生活的语言中,事实与价值相互"缠结"。从这一角度出发,似乎很难得出事实与价值两分的结论。那么,事实与价值的两分,究竟是如何产生的呢?普特南从语言的角度,给出了如下分析,他说:"当我们把事实和价值分开来考虑时,我们一般将'事实'看作是由某些物理主义或官腔十足的术语表达的,而将'价值'看作是由最抽象的价值词(如'善'、'恶'等)来表达的。在事实本身处于'粗心'、'只想着自己'、'为了钱什么都干'这样的层次上时,坚持价值独立于事实就困难得多了。"② 这就是说,我们之所以会得出事实与价值两分的结论,是因为我们在对具体语言的分析中,患上了一种维特根斯坦所谓的哲学上的"偏食症"。普特南此处的分析,清楚地表明了新实用主义者与后期维特根斯坦在思想上的承继关系。

---

① 希拉里·普特南:《事实与价值二分法的崩溃》,应奇译,北京:东方出版社,2006年,第20页。

② 希拉里·普特南:《理性、真理与历史》,童世骏、李光程译,上海:上海译文出版社,2005年,第157页。

语言的意义在于使用

——维特根斯坦语言观探析

早在古希腊时代,人即被认为是一种语言/理性的动物,哪怕我们暂且不论这种说法是否有道理及其可能面临的种种批评,仅从日常生活经验的角度出发,没有语言,我们的生存将变得极为艰难,甚至在某种程度上是不可能的。我们借由语言,在与他者的广泛合作中获取生存所必需的各种物质资源。除此之外,我们还借助语言来维系或发现亲情、友谊或爱情,并在这一过程中,通过与异性的成功交往而实现人自身的繁衍。不要说普通人的生活离不开语言,即使像梭罗这样的特立独行之士,当其独居瓦尔登湖畔,并写下他的所思所感时,同样离不开语言。

我们在日常生活中,也离不开金钱,无论这里的"金钱"以哪种具体的形式呈现——黄金、白银、纸币、数字货币或其他。不仅如此,金钱的跨地域流通还促成了人类广泛的合作。我们所说的"全球化",首先即资本在全球范围内的广泛流通。今天,人类社会中的大部分成员在大多数情况下,离开金钱是无法生存的。但同样是"离不开",语言与金钱对于人而言,在根本上又有差异。斯蒂芬·平克认为,学习语言是人的一种本能,也就是说,这是一种天赋,而非后天教养而成的。认识到金钱的重要性并学会赚钱,则是我们在后天的社会生活中学到的东西。

语言与金钱,是我们日常生活中须臾不可离的两种东西,它们在根本上

---

① 原载《云梦学刊》,2018 年第 6 期。

存在差异，但也有一些相似或可做类比的地方。而且，正如本文的探讨所要表明的，对二者关系的讨论，可以帮助我们理解一些重要的哲学问题。本文对此关系的讨论，主要从以下三个方面展开：一是在"自然 VS 人工"这一概念框架中，讨论语言和金钱的本体论地位；二是说明维特根斯坦如何通过语言与金钱的类比，阐明其"意义即使用"这一重要主张的；三是讨论语法与规则的问题。

一、自然 VS 人工

在西方哲学的传统中，自然与人工之别，是一个基本的形而上学区分。在这样一种理解中，"自然"不仅有"本性"的意思，而且有正确或正当的含义。而所谓"人工"的东西，则是对自然的模仿，因此是第二性的、派生的东西。我们知道，在古希腊，前苏格拉底哲学主要是一种自然哲学——一种广义的物理学，它探究世界的本源、本性或本质是什么。苏格拉底实现了哲学的"转向"，将哲学从天上拉回人间，从而促成了广义伦理学的诞生——哲学从此开始关心人间世界的种种。尽管如此，自然与人工的形而上学区分，作为一个基本的概念框架，仍或隐或显地保留在哲学尤其是本体论问题的讨论之中。

语言与金钱的出现或使用，都与人类生活有关。这在某种意义上是说，二者都不是自然的，或者说都不具备物理意义上的"实在性"①。从朴素实在论的立场出发，我们可以做一个简单的思想试验，设想在一个没有人类的世界中，语言与金钱有可能存在吗？有学者说："如果没有人类，没有人类交换货物的意向，货币是不会存在的。"② 在一种类似的意义上，我们可以说，如果没有人类，没有人类交流或交往的意向，语言是不会存在的。同

---

① 希拉里·普特南说："不管根据哪种理论，绝大多数的金钱都不具备物理上的实在性！"参见希拉里·普特南：《理性、真理与历史》，童世骏、李光程译，上海：上海译文出版社，2005 年，第 148 页。

② 保罗·博格西昂：《对知识的恐惧：反相对主义和建构主义》，刘鹏博译，南京：译林出版社，2015 年，第 12 页。

样，基于朴素实在论的立场，我们可以设想，即使人类不存在，地球、银河系或更广大的宇宙，仍有可能是存在的。这即表明，在自然本体论的意义上，语言与金钱并不具有地球、银河系或更广大宇宙的那种实在性。

我们说语言与金钱在本体论的意义上不具备物理实在性，这是否意味着语言与金钱就是人工制品呢？

19世纪末，弗雷格认为，科学的发展在许多情况下，是基于相关工具的改进。对科学而言，日常语言是模糊不清的，因此，我们有必要发明一种科学的语言，促使科学取得更大的进步。1879年，弗雷格的《概念文字》一书出版，即可被看作他在此方面所做的初步努力。就日常语言与"概念文字"的关系而言，弗雷格曾做过这样一个比喻，他将日常语言比作我们的手，而将"概念文字"比作扳手。毫无疑问，就日常生活而言，我们的手能做很多事情，同时也相当灵活。但就拧螺丝这一特定的工作而言，扳手则是更好的工具，即使它无比僵硬且只在这一特定的情况下有用。

罗素在其哲学工作中，认为语言的表面语法常常掩盖其真实的逻辑结构，许多所谓的哲学问题由此而来。因此，他认为哲学问题的最终解决，有赖于语言的逻辑分析这一方法。而要对语言进行逻辑分析，一种人工语言的发明则是必不可少的。

前期维特根斯坦部分地承袭了弗雷格和罗素的问题与方法，并试图对相关问题提出自己的解决方案。在《逻辑哲学论》中，维特根斯坦虽认为日常语言是完备的，但同时也认为语言表面的语法结构掩盖了思想的逻辑结构，因此需要通过语言的逻辑分析来解决。而到了《哲学研究》时期，维特根斯坦则彻底放弃了建构一种人工语言的想法，认为通过对语言日常使用情况的勘察，即可治疗因语言的不当使用而强加给人类的"理智疾病"。

经如上简要论述，我们大致可以认可这一判断："似乎没有一个真诚的哲学家坚持过要用某种形式的逻辑语言来整个取代日常语言的想法。"[1] 的

---

[1] 韩林合：《〈逻辑哲学论〉研究》，北京：商务印书馆，2007年，第426页。

确，无论是弗雷格、罗素，还是前期维特根斯坦，他们虽认为日常语言在科学或哲学的意义上有缺陷，因此有必要发明一种工具性的语言来帮助解决相关问题，但并不认为需要用这种人工语言来全面取代日常语言。这其实也是不可能的，因为科学或哲学并非生活的全部，而只是生活的一小部分内容。

虽说极少有哲学家主张用某种人工语言来全面取代日常语言，但这并不表明没有人曾持有过这一主张并在某种程度上付诸实践。拉扎·柴门霍夫，世界语的发明者，曾"设想作为国际语言的世界语可以消除欧洲的地方民族主义"①。卡尔纳普在其思想自述中谈道，掌握了世界语的人们，在相互交流的过程中并不存在什么问题。这说明世界语作为一种人工语言，在某种程度上是成功的。但为什么推广世界语的运动最终失败了呢？直到今天，人们也没有将世界语作为一种国际交流的语言。

上述事实表明，基于某一特殊目的而设计一种人工语言，在理论上是可能的。且相较于日常语言，人工语言具有逻辑性强、简明而又清晰的特点。但人工语言所具有的上述优点，并不能使其成功地取代日常语言，根本原因在于：对于复杂多样的生活形式而言，日常语言是更适用的。有学者说，"日常语言已经存在了几千年，在这漫长的岁月中，我们人类一直在使用它完好地表达和传达着我们的思想，在描述着发生在我们周围的事实。"② 在这一问题上，后期维特根斯坦及约翰·奥斯汀，持大致相近的观点。

语言无法脱离人类而存在，因此不具备物理上的实在性，但依其本性，语言也不是某种人工制品，不是由几个聪明人就能设计成的。在一个类比的意义上，金钱也是如此。哈耶克由此指出，像语言、金钱，以及市场或道德准则等，"并不是真正的人工制品，不是自觉创造的结果"③。

有关哈耶克的上述思想，我们可在此稍微展开。罗伯特·内夫在《哈耶

---

① 詹姆斯·C. 斯科特：《国家的视角：那些试图改善人类状况的项目是如何失败的》，王晓毅译，北京：社会科学文献出版社，2012年，第328页。
② 韩林合：《〈逻辑哲学论〉研究》，北京：商务印书馆，2007年，第425页。
③ 弗里德里希·A. 哈耶克：《科学的反革命：理性滥用之研究》，冯克利译，南京：译林出版社，2012年，第83页。

克对"社会正义"的批判——二十个命题》一文中总结道:"语言不是一种发明,而是进化的产物。对哈耶克来说,语言是取之不竭、用之不尽的知识和经验宝库,说话者可以从中汲取许多东西,即使他不知道这个过程发生了什么。他总是指出通过自发使用的语言交换意思和通过市场自发交换商品与服务之间存在一种亲缘关系。"[1]

罗伯特·内夫的上述总结表明,在哈耶克那里:第一,我们日常使用的语言,不是某一个或某几个聪明人的"发明"创造,而是在某一历史、传统中持续演化的结果;第二,语言承载着历史的经验、知识和智慧,我们在学习和使用语言的同时,也在向历史或传统学习;第三,用语言交换思想,与通过市场用金钱交换商品或服务,这两种人类活动具有一种结构上的相似性。

我们可以将哈耶克的上述思想与维特根斯坦的思想做一简单比较。在前期维特根斯坦那里,他认为人为地发明一种理想语言是必要的,而有能力从事这一工作的,肯定是某个或某几个聪明的逻辑学家。将这一强调理性建构的思维模式运用于经济领域,即有了20世纪流行于世的计划经济制度——但在哈耶克看来,计划经济缺乏足够的信息,从而在根本上是不可能的。

后期维特根斯坦认识到,语言的形而上学用法,是导致种种哲学问题的根源,因此他倡导我们应该回到语言的日常使用,回到粗糙的地面上来。后期维特根斯坦的这样一种强调经验、语言之惯常用法的思路,可以说与哈耶克的思想有相通之处。在这个意义上,我们甚至可以推论,后期维特根斯坦在经济领域是支持市场经济的。

在以上讨论中,我们已经先后指出,语言与金钱既非自然物,亦非人工制品,而是在人类的历史、经验活动中持续演进的产物。认清了这一点,我们即可反过来说,自然与人工的形而上学区分,虽在某些时候不乏效力,但

---

[1] 格尔哈德·帕普克:《知识、自由与秩序》,黄冰源等译,北京:中国社会科学出版社,2001年,第189页。

在考察语言、金钱的时候,则是一个过于粗陋的概念框架,无法对二者的存在做出恰当的本体论定位。

二、意义与使用

语言的意义是什么?需要由一种理论来回答吗?针对前一问题,我们首先要考虑的,是如何理解"语言"这一概念。在前期维特根斯坦那里,语言即命题的集合。由此,追问语言的意义问题,须回答命题的意义从何而来。总体说来,前期维特根斯坦不认为语言的意义来自其内部的循环"定义",也就是说,他不认可所谓的"融贯论"。语言的意义,在于其关乎世界。

前期维特根斯坦通过对语言的逻辑分析指明语言是由命题构成的,而命题则是基本命题的真值函项。基本命题是名称在一定结构中的组合。基本命题是独立存在的,我们对其所做的分析只能到名称这一层次,也就是说,我们无法对名称做进一步的分析。前期维特根斯坦认为,名称的意义在于其指称的对象,由此,基本命题即对事态的表述,命题即对事实的表述。语言表述世界,世界是事实的集合[①]。

从以上分析可知,名称指称对象,是连接语言与世界的一个关键点。在这个意义上,我们可以认为,前期维特根斯坦持有指称论的观点,并试图用这一理论来回答语言的意义问题。在《逻辑哲学论》所设定的语言框架中,这一回答是有效的。

但是,正如中后期维特根斯坦自己所认识到的那样,前期维特根斯坦对语言的设定是过分理想化的,因此是不真实的。有学者指出:"罗素和维特根斯坦所说的语言的结构和世界的结构的一致关系,不是指日常语言的结构与世界的结构的关系,而是指他们所建立的人工语言的结构与世界的结构的

[①] 对这一问题的分析,详见李文倩:《维特根斯坦论事实》,载丁子江主编:《东西方研究学刊》(第六辑),2017年,第24—43页。

关系。"① 由此，前期维特根斯坦对语言与世界结构的分析，对于真实的、日常的语言来说并不适用。

在《哲学研究》中，维特根斯坦改变了对语言的看法，不再只看重命题式语言，而是说："当我讨论语言（语词、命题等等）时，我必定是在谈论日常的语言。"②（120）这即表明，后期维特根斯坦放弃了他早先对于语言的过分理想化的、不切实际的理解，转而考察日常语言现象本身。他还谈道，纵使日常语言似乎是粗糙和物质化的，但无论是提出或回答某一问题，乃至关于语言自身的讨论，都离不开日常语言。在这个意义上，日常语言是合用的。

后期维特根斯坦对语言的不同理解，要求他对语言的意义问题给出新的答案。也就是说，前期维特根斯坦基于人工语言而给出的指称论回答此时不再有效。在《哲学研究》中，维特根斯坦就此问题，给出了如下回答："人们说：重要的事情不是语词，而是其意义；此时人们以像考虑这样一个物件的方式来考虑意义，即尽管它不同于语词，但是还是与其同属一类的。这是语词，这是意义。金钱和人们能够用它买到的牛。（但是另一方面：金钱和其用途。）"③（120）

在维特根斯坦以上的回答中，我们认为有这样几点值得注意。第一，他不再将语言理解为命题的集合，而是更看重日常用语中的"语词"。第二，人们通常将"意义"视为不同于"语词"的"物件"或某种实体性的东西，但这种理解本身是有问题的。第三，可将语言与金钱做一类比，人们用金钱来买牛，意味着金钱的意义在于其用途；在类似的意义上，语言的意义亦在于使用。有的学者指出："语词好比金钱，钱的价值不是用来指称某物，我

---

① 张庆熊：《社会科学的哲学——实证主义、诠释学和维特根斯坦的转型》，上海：复旦大学出版社，2010年，第136页。
② 维特根斯坦：《哲学研究》，韩林合译，北京：商务印书馆，2013年，第89页。
③ 维特根斯坦：《哲学研究》，韩林合译，北京：商务印书馆，2013年，第89页。

们虽然也为商品贴价格标签,但这正是基于钱可以使用,即用来买东西。"①

在以上的讨论中,我们已经看到,维特根斯坦在《哲学研究》第120节将语言与金钱进行了类比,笔者已对其观点做了比较细致的解析。但是,我们也不可否认,维特根斯坦就语言与金钱所做的类比,至少在字面意思上,是不太清楚的,或者说还有待进一步展开。事实上,在《哲学研究》之前,维特根斯坦对此问题有相对清楚的表述。

在《大打字稿》中,维特根斯坦就写道:"若允许将语言自身与金钱相比较的话,那么自在自为的看,钱自己什么价值都没有。只有当人们用金钱去购买那些对于我们具有意义的对象时,钱才间接地与意义相关联。"② 维特根斯坦在此表明,脱离了使用或贸易,语言与金钱自身是毫无价值的。

语言的意义在其使用之中,这样一种对语言之意义的理解,是一种交往之中的、动态的理解。在这样的理解中,语言的意义内在于广泛的交往活动之中,不需要由一个理论来回答。与此相反,指称论作为一个理论,预设了一种对语言的静态的、扭曲的理解,因此不仅是错误的,而且是多余的。

与语言类似,在一个自由流通的市场秩序中,金钱不仅是自由贸易的中介,也具有价格信号的功能。在这样一种瞬息万变的、动态的交易过程中,价格的自由浮动,不可避免地具有一种主观性;而不可能像权力宣称的那样,以行政命令手段所规定的价格,即有一种客观的社会必然性——那不过是一种对经济的静态的、扭曲的理解。

三、 语法与规则

"语法"是中后期维特根斯坦哲学的一个重要概念,关于这一概念,他做过这样一个比喻:"语法是语言的账簿,但凡与伴随〔语词〕的感觉无涉

---

① 陈常燊:《语言与实践:维特根斯坦对"哲学病"的诊治》,上海:上海世纪出版集团,2016年,第22页。
② 转引自徐英瑾:《维特根斯坦哲学转型期中的"现象学"之谜》,上海:复旦大学出版社,2005年,第129页。

的，但凡是语言的实际交易，都要记录在这些账簿上。"① 在以上讨论中，我们已经反复论及这样一种思想，即语言与金钱一样，都是在使用或流通中获得生命。而将语言比作金钱，语法即语言的"账簿"——如同账簿记录金钱实际的流通情况一样，语法记录语言实际的使用情况。

语法记录语言实际的"交易"状况，表明这里的"语法"所做的主要是一项描述性的工作。我们知道，在一般性的概念框架中，"规范/描述"是一对经常出现的概念。因此，说维特根斯坦的"语法"概念是描述性的，也就等于同时在说它并非规范性的或主要不是规范性的。在这个意义上，我们即可将维特根斯坦的哲学语法与一般语言学研究的语法概念区别开来。

语言学的研究目标，是通过对语言现象的考察力图发现语言运作的内在机制，由此，语言学研究的"语法"，是机制性和规范性的，而非描述性的。维特根斯坦的哲学语法，则如上所述，主要是描述性的。对"语法"概念的不同理解，标示出中后期维特根斯坦的工作，并非如一些人所误解的那样，是一种语言学的工作。

维特根斯坦理解的"语法"，是记录语言实际的使用情况，这种记录与感觉无涉。这里所谓的"与感觉无涉"，并非语词与人的感觉之间毫无关系，而是说语言的本质是公共性的使用，而非某种私人性的感觉。讨论到这里，我们即已涉及维特根斯坦著名的反私人语言论题。

在笔者看来，如果说传统的指称论是一种指向外部对象的外在指称论的话，那么所谓的"私人语言"，其实质是一种内在指称论，即认为语词的意义在于指称某种内在的私人感觉。但问题在于，内在指称论由于缺乏公共性的标尺，将不可避免地陷入混乱，因此是不可能成立的。

在语言与金钱的类比关系中，没有私人语言，也就意味着没有私人货币。我们无法想象，一个人可以随意将某个东西视为货币并任意赋予其价值，对于这么做的人，我们要么认为他是在开玩笑，要么认为他陷入了一种

---

① 维特根斯坦：《维特根斯坦读本》，陈嘉映编译，北京：新世界出版社，2010年，第15页。

可怕的精神错乱。

维特根斯坦的"语法",在描述语言实际使用情况的同时,也标示出了其规则。有学者指出:"人类所有的话语都是按照规则来说的,这个规则就叫做语法,但是语法并没有规定在什么情况下只能说这句话,或者不能够说这句话。因此,这种语法具有比较宏大的意义。它不是在规定每个具体的语言活动,而是在规定所有的语言活动必须遵循的基本原则。在这个意义上理解维特根斯坦的语法概念,我们才能够把握他要表达的核心思想。"①

在上段引文中,我们可以看到,语言的使用并非杂乱无章的,它必定受到某些规则的约束。但是,语法作为语言使用的规则,只是为语言的使用提供了一个大致的框架,并不会在每一个细节上都做出详尽的规定。由此,语法与其说规定了我们如何使用语言,不如说规定了我们不能如何使用语言——违反语法的使用方式是没有意义的。

语言及其使用规则,并非某一个或几个聪明人临时发明出来的,而是长期演化的结果。这就意味着:对每一个特定的个体而言,在一个共同体中出生、学习和成长的过程,即一个盲目遵循规则的过程。我们在理智上或许并不理解规则为什么是这样的,但在实践上必须遵循它,并在此前提之下寻求理解。

规则并非不可改变,而且实际上它在不断演进的过程之中,一直都或大或小地有所改变。但规则的这种可改变性,并不是凭空产生的,而是在多种合力的基础上缓慢发生的。在这种意义上,我们即可以理解,为什么尽管新词、新语频出,语法的改变却非常缓慢。

---

① 江怡:《论维特根斯坦的"哲学语法"概念》,《哲学研究》,2012年第7期,第49页。

辑二 评论

哲学是一种祈祷

——评《维特根斯坦谈话录：1949—1951》

述而不作或少作的现象，在世界各个文明的历史中，似乎都有源远流长的传统。跟世界上的许多事情类似，这一现象的长期存在，有着多方面的原因。技术性条件的限制是其中一项重要的因素，比如我们可以设想：生活在遥远的古代的人们，他们无论如何都无法想象，今天多数人的写作主要是以在电脑上打字的方式进行的。技术上的便利条件，似乎使写作成为一件简单的事情了。

但我主要想说的，还是观念层面的东西，即人们对写作重要性的不同理解。在苏格拉底那里，在做一个让诗人歌颂的英雄和歌颂英雄的诗人之间，存在一个选择上的难题。人们对苏格拉底的述而不作有种种不同的解读，但至少我们可以看到，在古典时代，选择做一个英雄是如此重要。苏格拉底被视为西方哲学史上的思想英雄，或许就是其主动选择的结果。也就是说，在苏格拉底那里，他可能比较清楚地认识到：选择做一个行动者、一个真正的英雄，比通过自己不断地写作，有着更重要的价值；因此而获得荣耀，也更值得追求。这种看法本身可能在很长一段历史时期都是比较普遍的。只是在浪漫主义观念兴起之后，诗人才成为时代的英雄：他们通过不断地书写，以赞美人类的名义来歌颂作为英雄的自己。而近代以来，普遍平等观念的出现，则意味着人人都可能成为英雄，当此之时，自传体写作才可能成为一种

---

① 原载《文景》，2012年第10期。

流行。如此看来，人们对自我的描写本身，就基于一个相当任意的"理由"。这也就意味着：一个人对自我的认识和描写，永远都不可能抵达"客观"。维特根斯坦对此谈道："没有人能够客观地描绘自己，正是鉴于这一点，总有这么去做的动机。但伴随着你的描写，动机会改变。这变得复杂起来，因为一个人愈想变得'客观'，他就会愈发留意到渗入其中的变化着的动机。"

因为种种不同原因，在今天，人们看重写作，成为一个极为普遍的现象。这里既有外在条件的制约或刺激，比如在学院内讨饭吃的人，为保住自己的教职，有时写作就成为一种必需。或者，在一些人眼中，通过写作可以传播某些重要的观念，从而实现更多人的自由和解放。但这都不是最根本的。写作的重要性，有其内在的理由，比如在部分人那里，写作本身能超越一时一地的限制，在某种意义上实现不朽。不过，尽管写作在现代社会有着如此崇高的地位，但一些最顶尖的思想家，依然我行我素，并不特别看重"著述"。陈嘉映解释说，真正的思想家追随着思想的脚步，深深地沉浸其中，以至于没时间和兴致来整理或写作。在这方面，索绪尔是一个例子。

维特根斯坦一生公开发表的作品极少，他写过一些笔记，但与更多著作等身的职业学者相比，其著作总量少得可怜。其中最重要的哲学"著作"《哲学研究》在他生前已大致整理完毕，但直到去世后才得以出版。刘云卿对此解释说，在维特根斯坦那里，尽管写下的每个句子都完美无缺，"但面对上帝，它们微不足道"。不过，维特根斯坦的朋友和弟子们，细心地写下了不少关于其谈话的记录，成为后来研究维特根斯坦的重要文献。从这个角度看，维特根斯坦作为 20 世纪的思想英雄，享受了类似于古代先哲的"待遇"。鲍斯玛（Oets K. Bouwsma）的这本《维特根斯坦谈话录：1949－1951》①，就是其中一种，它大致勾勒出了晚年维特根斯坦的思想肖像。总体而言，跟许多与此类似的谈话录一样，记录者在书中扮演着"学生"的角色。正如该书编者 J. L. 克拉科夫特和伦纳德·E. 哈斯特维特在引言中所

---

① 鲍斯玛：《维特根斯坦谈话录：1949－1951》，刘云卿译，桂林：漓江出版社，2017 年。

言,"有一点毫无疑问,维特根斯坦是老师,鲍斯玛是学生。"

伟大思想家的不同寻常之处,并不在于他有能力提供一些现成的思想果实,而在于他能开拓出一种思考的方法。晚年的维特根斯坦,虽然身体状况不佳,但在鲍斯玛的笔下,他仍然忠诚于哲学思考本身,并努力拓展着思考的边界。该书编者在引言中指出,"维特根斯坦始终在思索,是艰苦卓绝的思索,哪怕针对的是细小之物。"这里对细小之物的思索,并非意味着维特根斯坦思想是芜杂或琐碎的,而是说明他思想的风格如此。

晚期维特根斯坦特别看重用图像和类比的方式,来思索哲学问题。1949年7月,在康奈尔,鲍斯玛在初见到维特根斯坦后写道:"他时刻准备着用例证和想象的情景来廓清表达式的使用,这一点让人印象最为深刻。"这里的"例证"和"想象的情景",即可能构成一种"图像"或"类比",用以清晰地思索和说明问题。图像具有指示功能,"旨在显示人们如何切入某个特定的主题"。即使在一些小的方面,图像也非常有用。比如当我说"导致"这一语词时,即意味着一种严格的因果性,用图像的方法显示,则犹如一个台球撞击另一个台球并使其运动。用图像的方法来指示问题,其实本身就是一种类比,对于其他人而言则意味着分享,即能让人从某种思想的惯常轨道之中走出来,让思想的果实以某种可理解的方式显示出来。这不只是所谓哲学教育的问题,而且是一种深刻而有力的启示,它使思想得以清晰和显明。对此,编者在引言中评论说:"对于一个极力达致理解的人来说,正确的类比或图像一如黑暗中的光芒,或苦痛中的解脱。那是一种经久不灭的印象,一个正努力思考以廓清哲学问题的人必定会对一个有能力创制此类图画的人印象深刻。维特根斯坦称得上精于此道。"

有相当多的评论家认为,晚期维特根斯坦的哲学是一种反理论的"哲学"。从某种意义上看,这大致不算错。不过应该清楚的是,维特根斯坦对理论的"反对",并非一种情绪性的姿态,而是建立在细微、有力的工作基础之上。这在鲍斯玛的笔下,亦有不少记载,这里只能拣几个小例说一说。

关于宗教信仰的问题,是贯穿维特根斯坦一生的思考内容。在1949年

8月5日的日记中，鲍斯玛如是记载："快走近汽车的时候，他问我是否认识摩门教徒，他们让他着迷。他们是信仰何为的绝佳例证：心醉神迷。要理解他们！有必要去理解某种特定的粗钝。一个人只有变得粗钝才能去理解。"心醉神迷，全身心投入，这是维特根斯坦对宗教信仰的理解。不要提问，不问为什么，对宗教信仰而言在某种意义上是一种必需。在同一年的8月22日，鲍斯玛记下了维特根斯坦关于宗教信仰是否需要论证的看法："显而易见，一个人没必要去论证他的宗教信仰。纽曼这么做了。一旦去做就要论证清晰并让人信服。不过，一个人可以投入信仰而无需论证。"问为什么或者是论证，均基于理性的力量。我们可以看到，在维特根斯坦那里，宗教信仰其实跟是否理性毫无关系。因此，至少在宗教信仰的层面上，建立某种理论的做法就完全是错误的。

维特根斯坦亦反对伦理学理论，他甚至认为，教授伦理学是不可能的。对此，鲍斯玛有这样的记载："他的确讲起过哲学家们在伦理学中造成的全部伤害。当一个人以深沉的严肃决定要做什么的时候，他就能看到哲学家们所做的一切何等地虚妄不堪。"这就是说，在伦理的领域内，哲学的工作方式是极为虚假和无用的。关于研究哲学，维特根斯坦评论说："有些人热衷于体系，其他人热衷于祈祷。"我们知道，体系的骨架，必定要用逻辑来支撑，但问题在于，由逻辑支撑起来的体系，永远停留在某一平面上。对此，维特根斯坦不可能满意。而祈祷则不然，它指向高处，不在任何一个平面上挣扎。从这个意义上说，在维特根斯坦那里，哲学是一种祈祷。

作为祈祷的哲学，意味着绝对的真诚，不屈不挠的严肃搏斗和冒险。在回答鲍斯玛的提问时，维特根斯坦说，探寻哲学"需要的是一种激情洋溢的求知欲和不屈不挠……哲学家是那个满脑子问题的人"。不过，光有激情、求知欲和问题是不够的，真诚是绝对必要的。维特根斯坦在肯定罗素、怀特海和赖尔早期工作的同时，也严厉批评了他们后来对哲学的态度，他认为他们是在玩哲学，而这是不可容忍的！（在维特根斯坦看来，怀特海后来堕落为江湖骗子，罗素在停止思考之时，仍在写作和出版著作。）而真正的哲学思考，只是对困惑的消除。鲍斯玛曾记录下这样的观点："哲学连同对它的研习，不过是思考的一个过程——廓清困惑。一俟困惑被廓清就应该考虑换一份工作。"这就意味着，维特根斯坦认为，困惑消除之时，即哲学终结之日。在哲学终结之后，一个人如果沿着既有惯性，继续从事所谓哲学的研究和讲授，则不但是一种莫名其妙的装腔作势，更是一种可耻的欺骗。一个欺骗自己的人是可怜的，而如果以哲学的名义来骗人，则意味着愚蠢和堕落。从这里我们也可看到，一种高度的诚实与高度的智力水平有关；在哲学思考中尤其如此。因为高度的诚实，首先就意味着对自我和问题本身的清晰认识，这涉及判断，而判断与智力水平和思考习惯密切相关。这里的思考，对我们讨论何为真诚这一问题有相当大的启示。一种关于真诚的流俗理解认为一个人只要愿意反观自省，即可做到真诚无欺。但这正如邓晓芒所批评的："自以为真诚是不可靠的，甚至正好就是不真诚的标志。"在真诚与自我的关系上，在更多情况下，真诚意味着对自我的否定；这是极为困难的，甚至可以说是一种冒险。

从上述理解出发，做一个哲学家就意味着做一个严肃的人，而"一个严肃的人就是那个能够承受冲突和挣扎的人，他会一而再再而三地回到这些问题。他搏斗过"。不过这里的"严肃"，并非某种狗仗人势的表现，而是意味着一种彻底的朴实。从反方向看真诚，则真诚的最大敌人在有些时候并非虚伪，而是骄傲。关于骄傲，维特根斯坦曾说："在任何个人的生活中，骄傲通常只是其中的一部分。没有人会独自骄傲。骄傲寄身于不同的旨趣和其他人的语境之中。正是在这个整全的处境中，骄傲为恶所浸。骄傲就像传染病或者发烧。它不像拇指疼痛那样只居于某个特定的位置。发烧遍于全身。骄傲也一样。"

作为思想家的维特根斯坦，尖锐、清晰、激情饱满。这个锐利的思想家，在对于生活方式的理解方面，却是一个地道的老派人。从美学的意义上看，他是一个彻底的保守主义者。根据鲍斯玛的记录，他曾说过这样的话："曾有那么一个时代，我们的生活简单质朴，一幢房子，一个地方，些许工具,野兽,以及围绕着你的人。人们在这种简单性和稳定性中依存于一种有限的环境。这给予生命一种特定品质——根(roots)。现在不仅人转瞬即逝,邻居也不再同一。我们与我们的环境相连的方式不是那种感伤的方式。我们所拥有的和使用的绝大多数东西都可以被其他的东西替换。"从这段充满伤感气息的话中,可以看出维特根斯坦对过往生活稳靠性的追忆,意味着他对当代生活的不适和不满,在他看来,那是一种无根的生活。的确,维特根斯坦属于一个更老旧的时代,在那个时代的乡野生活中,一切都是简单的。而我们置身其中的城市生活,过于复杂多变,亦相当"外在"。维特根斯坦质问:"城市是外在行为的生活。我们会有一些简单的指引。但城市以外会有自然之野性,会有欲望和情感,现在我们该怎么做?难道城市不是一个肤浅的所在吗?"

学者鉴传今曾批评说,在我们当下的研究中,作为哲学家的维特根斯坦,已是一个不断在复制着的神话。的确,与此同时,作为先知的维特根斯坦,亦成为不少人崇拜的偶像。但是,这一切都是真的吗?在鲍斯玛的笔下,维特根斯坦是一个近乎完美的人,不过即使如此,他仍有其内在的虚弱性。鲍斯玛说:"不管怎样,他有他内心的挣扎。""他也害怕变老,他的虚弱,以及他糟糕的身体。"但这个挣扎着的,深陷疾病的人,却始终保持着对生活本身的尊重。这里的尊重,在一定意义上意味着对生活有所体悟,而不只是做一个生活的旁观者;但对生活有所体悟的同时,尊重生活又意味着对生活复杂性和神秘性的敬畏,意味着对未知的东西保持缄默。从这个角度看,我们纵然会对生活有种种抱怨和不解,甚至是批评,但无论如何,都应该认识到:"在否定的意义上言说某物是容易的。不过,除此以外还能说什么?"

毛姆笔下的维特根斯坦

在为毛姆的《刀锋》所写的译本序中，译者周煦良先生经过考证指出："可以断言小说中的拉里就是写的维特根斯坦。"毛姆写此作之时，维特根斯坦的名气可能只存在于一些很小的圈子内。因此，毛姆说他笔下的人物，尚不够有名。但他在这样说的同时，又说如果哪天这位朋友成名了，他的这本小说"对于替我朋友作传的人，将不失为一本可资征引的书"。小说家之言，不足为凭，但从中至少可以看出，毛姆写作时的认真程度。如此，读毛姆此作的读者，大概一种是喜欢毛姆的，另一种是奔着维特根斯坦去的。我属于后一种。

尽管有此背景，但坚持认为应将小说看作虚构作品来读的人也有。在《拉里：刀锋上的行者》一文中，郭勇健先生说："这个令周煦良先生喜出望外的发现和趣味盎然的考证，只让我感到十分扫兴。在我看来，'拉里'的原型到底是不是维特根斯坦，与我的阅读经验毫无瓜葛；把'拉里'这一文学形象落实为现实中的某个哲学教授，我以为甚至是对《刀锋》的一种贬低。'拉里'只是一个纯粹虚构的理想人物，毛姆通过虚构这个人物，揭示了人性中固有的一个精神纬度。这一精神纬度，在20世纪初两次世界大战之间的欧美世界中被清晰地意识到，在拉里身上得以显豁，但在人类历史上的一切时代、一切地点，它始终存在，亘古不灭。"

郭勇健先生的看法，有其道理，但要说将"拉里"这一文学形象"落

---

① 原载《书城》，2013年第11期。

实"为维特根斯坦,是对《刀锋》的"一种贬低",我估计作者毛姆本人,也不见得会同意。因为在我看来,追索维特根斯坦本人的精神历险,其所"揭示"出的人性之"精神纬度",绝不比毛姆笔下的"拉里"展现出的东西逊色。因此,我更愿意将毛姆的《刀锋》,看作对维特根斯坦精神肖像的一种文学解读。而我这里写下的,即将毛姆的"解读"与维特根斯坦本人及其传记作家的作品参照,借此来讨论时代、信仰和意义的问题。

一

总的说来,19世纪是一个相信进步的世纪,因此充满乐观主义精神。而这种对进步的"信仰",主要有两个原因:一是科学的进步,二是财富的积累。但这种过分乐观,不过是一种幻想。叔本华说:"进步,那才是你们的幻想。这就是19世纪的梦想,就像在10世纪人们幻想能够死而复生一样。每一个时代都有幻想。当粮食和过去的储备被耗尽的时候,你们却把科学和财富堆积得更高。相对于如此巨大的堆积物,人类难道不会越发地渺小吗?"

在发达的科学和巨量的财富面前,人类显得越发渺小,这意味着一种对人贬低的看法。而在人类的所有活动中,对人贬低尤甚的,是战争。第一次世界大战来了,携带着近代科技的巨大能量和残酷性,击碎了人类将会不断进步的乐观梦想。小说《刀锋》中的拉里,也因为参加战争而性情大变,重新思考人生的意义。

而这与现实中的维特根斯坦有极大的相似性。也正是在第一次世界大战的战壕里,维特根斯坦深入思考了"逻辑与罪"的问题。1915年5月25日,维特根斯坦在其"战时笔记"中写道:"对神秘事项的渴望源自于如下事实:科学无法满足我们的愿望。我们觉得,即使所有可能的科学问题都悉数获得了解答,我们的问题还完全没有被触及到。"维特根斯坦在这里指出,科学的发达无关乎人心;因此才有"对神秘事项的渴望"。《刀锋》中的拉里,也是在波兰矿工考斯第那里接触到了神秘主义思想;而这一点,亦构成了其寻求人生意义征程的一个步骤或环节。

科学既带来进步，又造成残酷的毁灭，人心因此而陷入无聊和迷茫。在毛姆的小说中，人们疯狂追求财富和享乐，正如法国作家迪迪埃·雷蒙在《叔本华》一书中所言："无聊是致命的疾病，是公众的灾难，它使得所有这些可能的消遣应运而生，其中首当其冲的就是牌戏、舞会和狂欢活动。"而且毛姆笔下的人物迷信，"在叔本华看来，迷信者之所以迷信，是为了填补空虚，逃避苦闷，表面上他是被迷信折服，实际上他是在自娱自乐"。

纵酒狂舞的背后，是心灵的极度迷茫。正如巴兹·鲁曼导演的影片《了不起的盖茨比》"开篇"所示："那时，我们都迷茫了/越是想要跟上所处时代的步伐/我们就越迷茫。"20世纪20年代，人们心灵的迷茫和空虚，最终酿成了严重的后果，那就是30年代德国纳粹的兴起。周煦良先生说："小说无一语涉及纳粹的兴起，但是，小说反映的欧洲的精神空虚，已足够说明为什么纳粹主义能够乘虚而入了。"

在这样的时代背景中，人生的意义问题，成为一个致命的难题。战争所带来的后果之一是让人之存在，成为一种绝对的偶然。人存在的根基遭到了绝对的毁灭。英国学者特里·伊格尔顿在《人生的意义》一书中，有如下总结："现代主义思想的标志性特征是一种信念，认为人的存在是偶然的——没有根基、没有目标、没有方向、没有必然性，人类本来很有可能从未出现在这颗行星上。这种可能性掏空了我们的现实存在，投射出恒常的失落和死亡的阴影。即使是狂喜的时刻，我们也颓丧地知道脚下的根基宛如沼泽——我们的身份与行为缺乏牢固的基础。这可能让我们的美好时光变得更加珍贵，也可能让它们变得毫无价值。"

这种令人绝望的时代气氛，让那些敏感的心灵尤感痛楚。如植物般脆弱的个体，在战争与死亡的废墟之上，将如何寻求人生的意义，从而得以站立？

二

在《刀锋》中,直接促成拉里思想转变的,是其朋友的死亡。死亡在这里所扮演的是一个提醒者的角色,它让拉里从一个乐观而追求上进的青年,突然变成了一个忧郁、沉默和不安的人。在小说中,拉里如此自述道:"你就想到一个在一小时以前还是个有说有笑、充满生气的人,直挺挺躺在那里;就是这样残酷,这样没有意义。你没法子不问自己,人生究竟是为了什么,人生究竟有没有意义,还仅仅是盲目命运造成的一出糊里糊涂的悲剧。"

维特根斯坦说:"死亡不是生命中的任何事件。它并不是世界中的任何事实。"这里的意思相当清楚,即对个体而言,当我们生活着时,死亡远离生命;而死亡一旦降临,则生命不复存在,死亡是对生命的终结,因此"死亡不是生命中的任何事件",它当然也不是"世界中的任何事实"。但人之存在论意义上的"共在"性,决定了他人的死亡,尤其是挚友亲朋的死亡,能在一定意义上"开启"我们;而这种"开启",则让作为个体的我们,提前到死亡中去,唤醒本真的自我,从而意识到世界及人本身的荒诞性。这里的荒诞,即人之存在意义的匮乏。

本真自我的觉醒,意味着对幻象之我的告别。在《叔本华》一书中,迪迪埃·雷蒙写道:"吸引着我们的那个'我',其所有的一切要求我们具有个性,引导我们去确认或享受它,但究其本身,不过是梦境所引起的幻觉罢了。"但人之本性的无力或孱弱,使多数人宁愿相信幻觉的存在,而不愿面对真实的世界及自我。但在拉里这里,当他意识到人之存在的荒谬性时,他就再也不可能是原来的那一个他了;因此,当他回到家的时候,他就不可能像正常人那样若无其事地去上班,按部就班地去结婚、过日子。在他的心中,对信仰的寻求,成为最重要的一件事。

友人之死,让拉里开始追问上帝是否存在,如果存在,为什么还有恶——这个典型的神义论难题。在小说中,拉里这样说:"我想弄清楚上帝究竟有,还是没有。我想弄清楚为什么世界上会有恶。我想要知道我的灵魂是不是不灭，还是我死后一切都完了。"最后一问，可一分为二：一是灵魂是否存在，二是灵魂是否不死。在康德那里，上帝存在和灵魂不死，是其伦理学的前提条件。但在拉里看来，这是一个关乎生命的存在之问。

小说中间，拉里周围的人群，也觉察到了这一点。作品中的叙述者说："我觉得他〔拉里〕是在寻求一种哲学，也可能是一种宗教，一种可以使他身心都获得安宁的人生准则。"拉里与小说中另一人物伊莎贝尔有如下对话：

"他开始走的是一条悠长艰苦的道路，可是，他最后也许会找到他要找的东西。"

"那是什么呢？"

"你难道没有想到过？从他告诉你的那些话看来，他表示得相当明显。上帝。"

毛姆对拉里和维特根斯坦的相似点，抓得相当准确。因为从维特根斯坦的笔记看，其对死亡及上帝问题的深切思考，密集而执着。1916年7月8日，维特根斯坦在笔记中写道：

惧怕死亡是错误的，也即坏的生活的最好的标志。

如果我的良心使我心绪不宁，那么我便与某种东西发生了不一致。

但是，这种东西是什么？它是世界吗？

如下说法毫无疑问是正确的：良心就是上帝的声音。

可以看出，他急切地想从上帝那里找到存在的依据，从而为过一种良好生活提供可靠的意义基础。在同一天的笔记中，他又说：

相信某个上帝就意味着理解了人生意义问题。

相信某个上帝就意味着看到了并非一切事情都经由世界中的事实而获得了最终的解决。

相信上帝就意味着看到了人生是有一个意义的。

请注意，尽管维特根斯坦对宗教信仰有着执着的寻求，但是当他在说

"某个上帝"的时候,表明他还不能认清哪一位又真又活的"上帝";这说明其在信仰的征途上,还有很长的路要走。而且,最终是否抵达,也很难说清。在小说中,拉里的情形,也大致合乎维特根斯坦的真实状况。拉里说:"我应当生在中世纪,那时候,信教是天经地义的事。那样的话,我就会看清自己的前途,在教会里谋一个职位。现在我没法相信。我想要相信,但是,我相信不了一个比一般上流人士好不了多少的上帝。"拉里或者说维特根斯坦的这一疑惑,体现了现代语境中宗教信仰的艰难。因此,"我应当生在中世纪"一语中的"应当",不过是描绘出理想与现实间的距离。

从根本的意义上来说,宗教信仰的获得,意味着一种根本的决断。卡斯培在《现代语境中的上帝观念》一书中指出:"宗教信仰存在于人生决断的水平上,是一种关乎整个人及其一切行为的决断。它是一种最根本的选择,一种不可不作的选择,一种对现实整体之特定理解的决断,以及一种对于现实整体的特定实践关系的决断。作为负责任的人类回应行动,这种决断就是对启示的回应,他知道自己受到邀请、挑战、支持。这种决断是一种原初的信任,可理解为一种自我给予的赠礼。"

小说中拉里在信仰问题上的挣扎,表明在他看来,根本的人生决断尚未做出。正如小说中恩夏姆神父对其所说:"你是一个有极深宗教观念的不信上帝的人。上帝将会挑选上你。你会回来。是回到这里或者别处,只有上帝说得了。"在这一问题上,维特根斯坦同样如此。

三

整部《刀锋》中,毛姆最大的败笔是对拉里精神归宿的误解。在小说中,拉里从印度回来时,心灵已获得宁静。这就意味着,在毛姆那里,印度吠陀经哲学能从根本的意义上拯救他。这不过是一种幻想。但这种幻想,即东方文明将拯救世界,在毛姆所生活的时代,相当普遍。有一些西方人真这么认为,而中国人当中相信这一点的也不少。

郭勇健先生指出:"他[拉里]在印度哲人那里领悟到的真理,其实归根到底，也就是西方文化传统中内涵的真理。拉里在人生中的每一个重大时刻，都希望能够去希腊旅游，这象征着他的精神之源头在希腊，而非印度。印度或东方只是一种偶然的他力和助力。西方文化中出现的问题，终究必须由西方文化来解决。地球是圆的，任何一种越洋航海，只要沿着正确的方向，最终总是返回原点，回归自身。"我认同"西方文化中出现的问题，终究必须由西方文化来解决"这一看法。但如果认为西方文化的精神源头只是希腊，则未必。

照我在本文中所采用的解读方式，即将小说中的人物与其原型相互参照，以便对相关问题进行讨论，我们可以发现，其实在维特根斯坦或拉里看来，希伯来文明的精神分量，远超过希腊文明。维特根斯坦是一个犹太人，这不只是说明一个表面的身份问题，更有其深刻的精神指向。英国哲学家瑞·蒙克在《维特根斯坦传：天才之为责任》一书中提及："他〔指维特根斯坦——引者注〕和德鲁利的谈话愈加频繁地转到宗教话题上。他把德鲁利的'希腊'宗教观念与他自己的想法对照，说自己的想法是'百分百希伯来的'。"从这个角度出发，讨论维特根斯坦寻求人生意义的问题，就不能不时时以信仰的纬度为参照。

毛姆在小说中，如此概括拉里的生活准则："不急躁，对人随和，慈悲为怀，丢掉一个我字，不近女色。""不急躁，对人随和，慈悲为怀，丢掉一个我字"，诸如此类的说法带有强烈的东方色彩。关于维特根斯坦的宗教信仰，有学者将其与禅宗进行了比较研究，这不能说完全没道理，但在我看来，的确相当表面。

在维特根斯坦与印度思想之间，还有一个叔本华。瑞·蒙克在《维特根斯坦传：天才之为责任》一书中指出："在一个一般性的层面上，可以说布劳威尔的哲学立场属于大陆反理性主义思想传统；（例如）叔本华在此传统之列，维特根斯坦则对这传统——卡尔那普曾吃惊地发现——抱有极大的同情。（这一时期维特根斯坦曾针对石里克的批评为叔本华辩护，卡尔那普吃了一惊。）"而众所周知的是，构成叔本华哲学的思想来源之一，正是印度思想。从这个角度看，不能说维特根斯坦全然没有受印度思想的熏陶，但要说这种熏陶带有根本上的重要性，我是不能赞同的。

说拉里"不近女色"，也不准确。因为在小说中，拉里有两次亲近过女色，但都不是主动的。所以，准确的说法是，拉里不主动亲近女色。这一问题之所以重要，以至于被列入"生活准则"之中，还在于其涉及两个重要的人生主题，即欲与爱。弗洛伊德之后，性欲的重要性不言自明。叔本华亦曾言："性欲到处都被默认为是无法避免的、必不可少的，不同于其他欲望，无关情趣，因为它是构成人类本质的欲望。与其发生对峙的时候，为了能必胜无疑和自我满足，任何动机都无可指责。它是年轻男子的思想和日常的向往，而且通常也是老年人的，它是一种执念，时时萦绕在无耻之徒的内心，无时无刻不压迫着贞节之人的意念。"

爱与欲相连，二者很难分离，但也有不同之处。欲更多指向肉身，而爱则与人生意义相连。我们甚至可以说，没有爱的人生不值得一过。维特根斯坦在此问题上有颇多挣扎与无奈；但或许爱就是这样，正如特里·伊格尔顿所说："爱是一件令人劳累和沮丧的事，充满挣扎与挫折，而不是笑嘻嘻的、傻头傻脑的满足感。"

在这一方面，维特根斯坦受到了魏宁格《性与性格》一书的巨大影响。魏宁格说："若转而考虑有天赋的男人，我们会看到，在他们身上，爱的开端常是自我折磨、自轻自贱和自我克制。一种道德转变出现了，被爱的对象像是生出了一种净化作用。"于魏宁格看来，在一些男人那里，爱意味着一种伦理实践，如亚里士多德笔下的悲剧，有一种净化作用。我不知道这是否有道理。但在维特根斯坦那里，与爱相伴随的，确是无休止的折磨与痛苦以及偶尔的快乐。

关于爱，维特根斯坦说："但我容易被伤害或害怕被伤害，但这样保护自己是所有爱的死因。为了真正的爱，人需要勇气。但这意味着他必须还得有分手和断绝［他的爱］的勇气，换句话说，有忍受致命伤害的勇气。但我只能希望自己免于最坏的事情。"缺乏勇气和自我克制，使维特根斯坦在爱的问题上犹如在信仰问题上,显得格外艰难。

但这种艰难或许并不意味着最终的失败。无论是小说中的拉里,还是现实中的维特根斯坦,由于他们处于一个世纪的转折点上,因此他们自身的艰难,在一定程度上具有某种普遍性的象征意味:在现代语境中,人生的意义何在?爱何以可能?没有了传统形而上学或习俗的支撑,意义只能来源于自主的创造,正如特里·伊格尔顿所说:"人生没有既定的意义,这就为每个个体提供了自主创造意义的可能。如果我们的人生有意义,这个意义也是我们努力倾注进去的,而不是与生俱来的。"这一自主性,即现代意义上的自由之核心。

意义因创造而生,且永无休止。特里·伊格尔顿指出:"我们至少可以肯定,意义总是越挖越多。逻辑上不可能有一个终极意义,一个终结所有阐释的意义,因为它本身也需要阐释。既然一个符号的意义来自于它与其他符号的关系,那么,就不会有一个终极的符号,正如不会有一个终极数字,或终极之人。"拉里或维特根斯坦的人生实践所表明的正是这样一个道理,即人生的意义,正在于对人生意义的不断追寻的过程之中。

哲学、语言与意义①

——读《简明语言哲学》

2003年，陈嘉映教授出版了教材《语言哲学》②，产生了较大的学术影响。十年之后，在2003版的基础上，经过增删与改写，该书以《简明语言哲学》为名重出新版。作者承诺，相较于旧版，新版的字数和错误均有所减少，内容却少有损失。有必要指明的是，此书虽说以教材的形式出版，但从学界的反响来看，人们大都将其视为学术专著。

从全书的总体架构看，贯穿始终的是作者对哲学是什么、语言是什么以及富有意义的言说和生活何以可能等问题的深切思索。

一、哲学

陈嘉映对于哲学是什么这个问题的理解，依托于两个大的思想史事件：一是近代科学的兴起，二是20世纪哲学领域内的语言转向。而且在他看来，这两个大的思想史事件有其内在的联系。具体说来，即近代科学的兴起和成熟，使得"今天的科学家和哲学家都已经不再是以往意义上的科学家-哲学家"③。也就是说，从此以后，哲学与科学不再连为一体，而是彼此独立、相对分离了。如此，"当概念考察明确成为哲学的主要工作后，语言转向也

---

① 原载江畅等：《价值论与伦理学研究》（2018下半年卷），北京：社会科学文献出版社，2019年。
② 陈嘉映：《语言哲学》，北京：北京大学出版社，2003年。
③ 陈嘉映：《简明语言哲学》，北京：中国人民大学出版社，2013年，第14页。

就自然而然发生了"①。

哲学研究中的语言转向带来的一项误解，是认为从此以后，哲学家的大部分工作将由语言学家来承担。更肤浅的理解，是认为概念考察就是查字典。针对这种趋向，陈嘉映明确指出了两者之间的差别："语言学家旨在更好地理解语言的内部机制，直到掌握这一机制，哲学家关注的则是凝结在语言中的人类理解，他通过对语言的理解来理解世界。"② 从更一般的角度看，陈嘉映对此差别的强调，标示出哲学与科学之间的根本不同点。但哲学与科学彼此独立，并不意味着它们之间没有沟通的可能。陈嘉映说："哲学家可以从语言学汲取营养，就像从各种经验和各门学科汲取营养，不过，一，语言最系统地凝结着人类理解，哲学关注语言现象更甚于关注另一些现象，因此，无论有没有语言转向，哲学都始终会关注语言，而对（例如）地质的关注却是特殊的兴趣。二，哲学无法从高度形式化的科学汲取多少营养，语言学的一些分支如语义学，原则上不可能高度形式化，它们将始终与哲学反思密切联系。"③

谈及哲学与科学的关系，人们有多种不同的理解。张志林坚持认为，"对今日的哲学来说，为科学奠基乃是一项光荣而艰巨的任务，甚至可以说是一项十分紧迫的任务。"④ 而陈嘉映则要低调得多。他明确指出，"我一般地认为，一门独立的科学不需要从外部为自己寻找'元层次'的基础，不需要哲学或逻辑学来为自己奠基。元数学、元物理学，要么是哲学家的非分之想，要么是这门科学内部从未中断进行着的一项工作。"⑤ 从这里我们也可看出，对哲学与科学关系的不同观点，其实也意味着对哲学的不同理解。

早在2007年出版的《哲学 科学 常识》⑥ 一书中，陈嘉映就明确提出，

---

① 陈嘉映：《简明语言哲学》，北京：中国人民大学出版社，2013年，第14页。
② 陈嘉映：《简明语言哲学》，北京：中国人民大学出版社，2013年，第17页。
③ 陈嘉映：《简明语言哲学》，北京：中国人民大学出版社，2013年，第17页。
④ 张志林：《哲学家应怎样看科学？——兼评陈嘉映在〈哲学 科学 常识〉中的有关论述》，《哲学分析》，2012年第3期，第36页。
⑤ 陈嘉映：《简明语言哲学》，北京：中国人民大学出版社，2013年，第60页。
⑥ 陈嘉映：《哲学 科学 常识》，北京：东方出版社，2007年。

哲学的主要工作当为概念考察。在2011年出版的《说理》①一书中，陈嘉映进一步认为，哲学之为穷理，而概念考察则是其中的核心部分。在此专门性的工作之外，哲学当有经验反省的功能，这就意味着，它在许多情况下不同于常识，甚至是对常识的反对。在《简明语言哲学》一书中，作者写道："在我看来，哲学是对自然理解的反思，以使自然理解融会贯通，因此哲学固然倚重凝结在自然语言中的自然理解，却不等同于自然理解，哲学结论不是民意调查，相反，哲学总是反某些常识而动的。"②

二、语言

我们接着关于哲学的谈论，来考察语言问题。陈嘉映对于语言的理解，与其对语言与世界、语言与生活、语言与思想、日常语言与逻辑语言的关系、语言分析、语言翻译等具体问题的考察相连，立体而丰富。

将语言视为工具，是人们的一种常见的理解。但如何理解工具，则又是一个问题。比如，在革命文化占主导地位的社会中，工具多被理解为其具有改天换地的功能，作为思维工具的语言，自然也不能例外。但工具有很多种，亦各有其功能。陈嘉映说："维特根斯坦曾特别提到尺子这类工具不同于钳子这类工具，后者改变事物的状态而前者不然。就此而言，语言更接近于尺子这类工具，语言主要不是因果地改变现实的工具，而是述说现实、理解现实的工具。"③从这个角度看，我们可以说，我们通过语言理解世界，或者说，世界在语言的层面上成像。

我们使用工具。但使用工具本身是一项活动，它连着实际的生活。陈嘉映说："在特定的情况下，我们会问：朋友有什么用，下棋有什么用，艺术品有什么用，哲学有什么用。但这些问题通常没什么意义，我们享用这些，而不是使用。基于同样的道理，我们使用语词，但我们通常并不使用句子。

---

① 陈嘉映：《说理》，北京：华夏出版社，2011年。
② 陈嘉映：《简明语言哲学》，北京：中国人民大学出版社，2013年，第150页。
③ 陈嘉映：《简明语言哲学》，北京：中国人民大学出版社，2013年，第134页。

我们用语词造句，而说出句子就是说话。说话这种活动编织在实际生活之中。"① 同样的道理，我们也不说生活有什么用，因为生活以其自身为目的，而不是别的什么。

"说话这种活动编织在实际生活之中。"照此理解，我们学习语词、理解语言，也是生活中一个自然而然的过程。关于理解，陈嘉映指出："好在我们不是从怀疑一切开始的，并不需要哪种逻辑分析能够从一上来就杜绝了每一种误解的可能性。理解的过程也不是无穷无尽地消除误解并在最后达到确定性，理解是一个自然的过程。孩子自然而然学会和理解一些语词。"② 语言与生活的内在联系，于此得以显示。

我们感受生活和世界，思索其间的种种道理，并试图有所言说。这种言说就是思想，思想在语言中成形。陈嘉映指出："思想确实不能与语言分离，但并非由于我们必须'用语言思想'，因此语言决定了思想；而是由于语言是思想的归宿，唯能达乎语言者，才是思想。瞪羚和猎豹没有语言，它们不思想。"③

陈嘉映在考察语言的过程中，对自然语言与逻辑语言的关系问题着墨尤多。这是因为自莱布尼茨，尤其是弗雷格、罗素及20世纪的逻辑实证主义以降，创制人工语言以置换日常语言的呼声日渐强劲，而且这一思路在某些专门的领域比如计算机科学中取得了成功。总体而言，陈嘉映承认逻辑语言有其优势，但认为全盘替换自然语言的思路则过于激进，也不可能成功。陈嘉映指出："我们不妨把自然语言比作物品，把逻辑语言比作货币。物品都有或都可以有一个标价，在这个意义上，货币能够和任何物品对应，能够把物品'翻译'成货币。经过翻译之后，统计、结算等等变得方便多了，同时，在折合成货币时，不仅物品的其他性质消失了，物品之间的其他'价值关系'也消失了。因此，我们固然可以用逻辑语言来表征自然语言中的某些

---

① 陈嘉映：《简明语言哲学》，北京：中国人民大学出版社，2013年，第134页。
② 陈嘉映：《简明语言哲学》，北京：中国人民大学出版社，2013年，第143页。
③ 陈嘉映：《简明语言哲学》，北京：中国人民大学出版社，2013年，第250页。

基本关系,但逻辑语言根本不可能取代自然语言。"①

问题在于,如果不能取代,那么如何看待日常语言的诸多缺陷?陈嘉映提出:"日常语言哲学家并不否认日常语言经常出现歧义、含混和混乱,但他们认为,日常语言中出现的问题要通过对日常语言的分析来解决,在日常语言本身的层面上解决,而不能通过设计一种更完善的语言来解决。他们更愿意把自然语言中的语词的多义看作一种丰富性而不仅仅看作是含混。"② 日常语言哲学家的思路大致属于改良派。改良派反对激进革命,其实是反对完美主义。这一反对的思路,在语言层面上是因转换视角而形成的,陈嘉映指出:"碰上这些不尽如人意之处,有人一下子走得太远,希望全盘克服一切不便,发明出一种理想语言,把思考和说话变成一种全自动过程。其实,唯有不完美的世界才是有意思的世界,我们才有机会因改善因创新而感惊喜,因绕过陷阱、克服障碍而感庆幸。"③ 由此可见,在改进日常语言这个问题上,陈嘉映是个温和派。

创制人工语言取代日常语言的思路,虽完美但幼稚,并可能因其对人类经验极端蔑视而造成严重后果。在"奥斯汀论日常语言"一节中,作者有如是反省:"要用我们一下午躺在摇篮里想出来的东西取代万千年千万人经验的结晶,不亦妄诞乎?"④ 而这样一种关于语言的看法,大致也符合晚期维特根斯坦的思想。冯克利指出,维特根斯坦"常把语言比做一个有机的整体,并且认为理解这个有机体的唯一办法,就是让它自由地游荡,观察它的习性。因而他也强烈反对'私人语言'的说法,认为语言从本质上说是社会的,没有任何人能够'创造'出一种语言。虽然我们不好把这些反映着后期维特根斯坦观点的话硬往别的领域上扯,但是假如把这里的'语言'一词换成哈耶克那个著名的概念'自发秩序'(也可以换成门格尔的'价格'),它

---

① 陈嘉映:《简明语言哲学》,北京:中国人民大学出版社,2013年,第127页。
② 陈嘉映:《简明语言哲学》,北京:中国人民大学出版社,2013年,第149页。
③ 陈嘉映:《简明语言哲学》,北京:中国人民大学出版社,2013年,第158页。
④ 陈嘉映:《简明语言哲学》,北京:中国人民大学出版社,2013年,第157页。

们在认知形式上的同构性却是显而易见的"①。由此可见，有关语言的种种思考，有其深刻的政治意涵。

早期分析哲学的研究者一般认为，哲学就是语言分析，而且主要是语言的逻辑分析。在陈嘉映看来，逻辑分析有其力量，但这并不意味着凡事都需要分析。换句话说，一些现有的东西，即使不经分析，也可能是清楚的。陈嘉映指出："我们是在没说清楚的时候，才需要再说些什么，再提供某种解释、分析，以期事情更加清楚，并不是说得越细、分析得越多，事情就更清楚。仿佛从来没有一句话本身就是足够清楚的，仿佛'经过分析的句子'天然具有更清楚、更合乎逻辑的意思，仿佛我们并不知道自己真正在说什么，要等哲学来帮我们分析出句子的实际意义是什么。"② 这就是说，分析有其条件和限度，而一种不由分说的彻底分析，其实并无意义。分析为理解服务，而我们的自然理解，总是在某一特定情景中，被连在特定的层次上。脱离周边环境的彻底分析，反而有可能使本已清楚的理解，变得怪异或不可解。

有关语言分析，陈嘉映进一步指出："把蕴含的东西展开、摆到明面上说出来，就是所谓分析。被分析出来的东西，在一个基本意义上当然是在那里的，像康德所说的，它已经'隐藏在里面'（versteckt）。但它不是以分析好的形态停在那里的，分析有所取舍和重新安排。所以，分析的结果既可以说是发现，也可以说是发明。在日常生活中，我们为了一个特定的目标进行分析，例如分析当前的局势以便制定出我们这个组织的行动方案。在理论工作中，分析是为支持或否定某种理论服务的，我们可以从历史学角度、社会学角度或心理学角度对一篇古文进行分析。"③ 如果说上一段的内容，是对彻底分析有所不满的话，那么本段的要点，则在于指明世间本无纯粹的分析。也就是说，分析依赖理论，为特定的目的服务。

---

① 冯克利：《维也纳人》，《读书》，2000年第4期，第69页。
② 陈嘉映：《简明语言哲学》，北京：中国人民大学出版社，2013年，第143页。
③ 陈嘉映：《简明语言哲学》，北京：中国人民大学出版社，2013年，第237页。

20世纪后期的西方哲学，对语言翻译的问题多有探讨。陈嘉映的观点大致在一个弱的程度上，认为翻译是可能的。但这里的翻译，不是平素意义上的一一对应，而是意味着某种新的理解，甚至就是创造。但无论如何创造，都要有一个背景、一种先在的理解。陈嘉映在此书第十一章介绍蒯因时说："我们从来不是悬在空中来选择并排排在地面上的各种体系，我们一开始就生在一个体系之中，我们从一个特定的体系出发来理解和'翻译'其他体系。我们的确可以在某种意义上'跳出'自己身在其中的体系，理解甚至选择异质的体系，这里，需要探讨的是我们如何'跳出'，而不是从无牵无挂的境界进入哪个体系。"① 从这个角度看，陈嘉映认为彻底翻译是不可能的。

三、意义

有了如上对哲学和语言的若干理解，并不意味着我们解决了问题，这只不过是暂时的停顿。最要紧的问题在于：我们如何恰当地理解"说"，哪些可说，哪些不可说，并非一目了然。可说的是否意味着全然说出，也是一个问题。或者我们还可以问："说"有其限度吗？我们如何富有意义地言说和生活？

陈嘉映说："人生的意义可说吗？我们当然不可能像说清楚力学公式那样单用语句就能说清楚人生的意义。教师不能在课堂上在书本里给出人生意义的清楚答案，这也许让学生失望，但稍作思忖，却实在是件幸事：如果我们在课堂上已经弄清楚了人生的意义，那么我们走出课堂后还做些什么呢？生活的意义是活出来的。只不过，人生不是无言的，言说不仅是人生的一部分，人是在语言层次上生存。"② "生活的意义是活出来的"，这是否是在说，追问"人生的意义可说吗"本来就是个错误？是不是有些事情只能做不

---

① 陈嘉映：《简明语言哲学》，北京：中国人民大学出版社，2013年，第184页。
② 陈嘉映：《简明语言哲学》，北京：中国人民大学出版社，2013年，第107页。

能说?

如此一来,好像有时候不说什么,反而更有意义。但这又将真理置于何地?不说就是遮遮掩掩,但真理是赤裸裸的。是不是有时为了富有意义,我们要在一定程度上牺牲真理?求真还是一桩有价值的事业吗?针对这些困惑,陈嘉映分析道:"求真,当然是要去除掩蔽,但五色令人目盲,把一切都暴露在光天化日之下,我们就什么都看不见了。因此,求真者必须把奥秘作为奥秘加以荫蔽。聪明人把世情人心的隐秘莫测都晾到打谷场上,世情人心的真相却被晒干了。在这个意义上,'对不可说之事应当保持沉默'应能得到理解。在这里,不可说与不应说合二而一。哪些明说,哪些以最丰富的形态蕴含在明言之中,这是说的艺术、说的力量。"①

这样看来,认为真理是赤裸裸的看法,反倒是个错误,因为赤裸裸的真理没有意义。因此,事实只有以富有意义的方式说出时,才会呈现出真相。关于意义与真理,陈嘉映进一步分析:"真理不止于事实,真理是通过事实展现意义。把注意力自限于'陈述的真值'时,我们就已经错失了言说的本来面貌。真理不是一个现成句子或一个现成的可能事态和事实相符,真理总是具有揭示性的。有所言说的话语揭示出某种一向尚未得到揭示的东西,使这种东西得到呈现或曰'反映'。托尔斯泰在这个意义上是'俄罗斯的一面镜子'。"②

富有意义的生活大致与游戏相似。陈嘉映说:"游戏不是一些遵循规则进行的机械活动,游戏首先是乐趣、情趣、旨趣。它们与规则相辅相成——一方面,游戏自由自在不受功利计较的约束,另一方面,游戏一般都有规则,而恰恰由于有了这些规则约束,才有好玩的游戏。"③ 我们将此对游戏的理解,与生活做一类比,大致可以说:过分懒散而不成形的生活,不能称其为生活,或者说至少不能算优质生活。生活有其内在的规矩。但如果谁的

---

① 陈嘉映:《简明语言哲学》,北京:中国人民大学出版社,2013年,第238页。
② 陈嘉映:《简明语言哲学》,北京:中国人民大学出版社,2013年,第244—245页。
③ 陈嘉映:《简明语言哲学》,北京:中国人民大学出版社,2013年,第135页。

生活严格遵循某一铁律，虽然严整，却难免过分刻板，反而失掉了生活本来的意义。

一种充盈而丰满的心智生活，大概是全部生活组成部分中最有意义的。心智生活的魅力在于其深度；没有深度的心智生活，虽可能色彩斑斓但绝不能算丰厚。心智有秘密才有趣。平铺开来的心智，只见其松弛，而失掉了张力。陈嘉映指出："我们固然不能把心智理解为与行为举止相隔离的幽灵，但心智的确具有在行为举止中隐藏自己的能力，甚至，我们也许应该把这种能力的发展作为理解心智的主线。"① 可以看出，陈嘉映这一对赖尔行为主义的批评，着眼点仍在于如何使心智生活富有意义。

富有意义的生活，是充满可能性的生活。如果哪个人的生活没有任何可能性了，说明这个人的生活已经死亡了。个体性的生活是如此，我们对现实世界的理解亦应当如此。没有"如果"的历史及现实，根本不值得留恋。陈嘉映指出："人们说：历史没有如果。这话自有它的意思，这意思却不是说历史学家不谈'如果'——那既不合事实又不合道理。已经不可改变的事情之所以还值得研究，历史研究之所以还有意义，全在于历史事件像别的事件一样从来都被理解为由各种不同因素构成的，是各种可能结局之中的一个结局。我们人类从可能性来理解现实性。现实世界只有作为诸种可能世界之一才能得到理解，才有意义。事情必须可以是另外一个样子，人才不仅对事情做出反应，而且能够对它有所了解，有所言说；换言之，事物才能呈现其意义。"② 从这个角度看，所谓纯粹的历史事实，我们就不知道其有什么意义；尽管这样说，本文并不是想对实证研究有什么非议。

总的来看，陈嘉映关于哲学、语言及意义问题的思考，贯穿其中的是不极端的中道精神。这样一种精神，来源于其对理论及生活之复杂性的深刻体认，而这一体认正是所谓的生活的智慧。

---

① 陈嘉映：《简明语言哲学》，北京：中国人民大学出版社，2013年，第155页。
② 陈嘉映：《简明语言哲学》，北京：中国人民大学出版社，2013年，第244页。

简论哲学与艺术①

——读《维特根斯坦与杜尚：赋格的艺术》

《维特根斯坦与杜尚：赋格的艺术》一书的作者刘云卿，在这本书的写作过程之中，扮演了一个邀请人的角色，他邀请维特根斯坦和杜尚这两位著名的怪人"对谈"。作为邀请人，作者对这两位怪人都相当熟悉，因此在他们的对谈过程中不时"插嘴"，甚至临时起意，邀请博尔赫斯、本雅明等人加入谈话。

在一般的意义上，为醒目计，维特根斯坦被认为是一位哲学家，而杜尚则被认为是一位艺术家。但随着"对谈"的深入，读者将认识到，维特根斯坦不只是一位传统意义上的哲学家，他还是一位艺术家；杜尚也不只是一位传统意义上的艺术家，他同时是一位思想家。在某种意义上，这也表明，维特根斯坦与杜尚在哲学与艺术领域是非同寻常的：维特根斯坦是一位"反哲学"②的哲学家，杜尚是一位反艺术的艺术家。

尽管作者一开篇即声明："并置维特根斯坦与杜尚并非提供某种'比较'，谈论哲学与艺术的关系也不是我的兴趣。"③但对于读者而言，此书还是为我们讨论哲学与艺术的关系问题提供了一个难得的契机。在这个意义

---

① 原载丁子江:《东西方研究学刊》（第七辑），2018年。
② 参见阿兰•巴丢:《维特根斯坦的反哲学》，严和来译，沙明校，桂林：漓江出版社，2015年。
③ 刘云卿:《维特根斯坦与杜尚：赋格的艺术》，上海：上海三联书店，2016年，"序言"，第1页。这本书的写法，表明这并非一本通常意义上的"研究"性著作。作者对其个人化的写作风格早有自觉，在之前出版的著作中已有鲜明的体现，参见刘云卿:《马格利特：图像的哲学》，桂林：广西师范大学出版社，2010年。

上，我们以下对哲学与艺术关系的讨论，就不可能局限于《维特根斯坦与杜尚》一书了。

一

维特根斯坦被认为是西方传统哲学的终结者①。在前期维特根斯坦那里，他从语言的角度出发，通过区分可说与不可说，认为只有自然科学的命题是可说的，也因此是有意义的。而所谓的哲学"命题"则是不可说的，勉强说之亦毫无意义。在这个意义上，《逻辑哲学论》不过是一架"梯子"，只在某种功能的意义上有其相对的价值，但在根本上仍是无意义的。

后期维特根斯坦通过对事实与概念的区分，指出传统哲学的一大误解在于混淆了事实与概念。而正是基于这一根本性的误解，哲学家以为他们与科学家一样是在从事某种事实性的研究，殊不知他们所做的，只是对相关概念的考察。在指明了这一点之后，维特根斯坦认为，哲学的任务在于对理智疾病进行治疗，而不可能像科学那样建构理论。这就表明，维特根斯坦对哲学任务的重新规定，是在将其与科学分离开来的基础上完成的②。

阿瑟·丹托在《哲学对艺术权能的剥夺》一文中讨论了哲学与艺术的关系问题，他有这样一个类比，即在古典时期，艺术相对于哲学的从属性地位，正类似于今天哲学相对于科学的从属性地位。换一种说法，即在古典时期，哲学对于艺术而言是一种压迫性的力量，到了今天，哲学则成了被科学压迫的对象。

针对上述问题，丹托的基本观点是，如果这样一种压迫性的结构继续存在，不仅艺术将继续处于受压迫的地位，昔日地位尊贵的哲学亦将在科学强势的压迫下走向终结。而如果人们不愿意看到这一点，那么通过将艺术从哲

---

① 冼景炬：《维特根斯坦与西方哲学的终结》，载陈波主编：《分析哲学——回顾与反省》，成都：四川教育出版社，2001年，第430—441页。

② 有关这一问题的详细讨论，参见李文倩：《维特根斯坦论科学与哲学》，《云梦学刊》，2017年第2期，第63—69页。

学那里解放出来，进而改变这一压迫性的结构，才有可能使哲学自身获得解放。这就是说，在当代，面对强势的科学，哲学与艺术只有改变那种传统的支配与被支配的关系，进而在某种意义上"联手"，才有可能实现各自的独立。

在这里，我们有必要对丹托的上述观点进行仔细的分析。他指出："艺术史就是一部压抑艺术的历史。"① 亦即所谓哲学剥夺艺术权能的历史。这一点在柏拉图那里，表现得极为明显。

柏拉图认为，理想国中没有诗人或艺术家的位置，根本原因在于：在认知的意义上，艺术不过是对实在的模仿之模仿，因而根本不可能像哲学那样，达至实在本身。在这个意义上，哲学探求世界的本质、真理，而艺术则不过是对事物外观的模仿，其所能达至的不过是易变的幻象。而所谓幻象，即某种虚假的东西。在真与假之间，真具有一种逻辑上的优先性，也就是说，我们只要知道什么是真的，什么是假的也就随之确立了。艺术无法探求实在本身，因此其对于哲学，只能处于一种从属的地位。

有必要说明的是，古典时期的哲学和我们今天所谓的哲学，从表面看来概念一致，但二者有根本性的差别。简而言之，古典时期的哲学是包罗万象的，其中包括我们今天所谓科学的内容。而自17世纪之后，科学成熟且发展，逐步脱离了哲学的母体，从而获得了独立的学科地位。科学的独立及迅猛发展，不仅使哲学管辖的地盘越来越小，且使之面临着越来越严峻的合法性危机。维特根斯坦试图通过科学与哲学的分离，重新理解哲学的性质和任务，抛弃传统哲学中那种不切实际的宏大抱负。

在实践的意义上，柏拉图认为艺术诉诸人的情欲，因此其不仅对培养理性的公民毫无助益，而且可能危及城邦秩序。我们知道，柏拉图构想的理想国度，是一个各安其位的等级制社会。这样的社会遵循哲人理智的设计，一

---

① 亚瑟. C. 但托：《哲学对艺术权能的剥夺》，郑伊看译注，李军校定，《艺术设计研究》，2010年第3期，第97页。亚瑟. C. 但托即阿瑟·丹托，译名不同而已。

切都是秩序井然、井井有条的。但在人类灵魂的结构中，除了理智，尚有血气和欲望。艺术运用其多彩的修辞，挑动人的情感及欲望，极有可能带来某种颠覆性的后果。而这自然是柏拉图这样的哲人不愿看到的。艺术是危险的①，因此必须受到某种理智的约束。

在上面的讨论中，我们已提及维特根斯坦被认为是一位反哲学的哲学家。在我的理解中，维特根斯坦所谓的"反哲学"，其"反"的是传统哲学，即那种假扮为科学的哲学。维特根斯坦通过对传统哲学进行"减负"，即卸掉其科学认知的重担，从而使哲学能够轻装上路，而且为哲学存在的合理性提供了一种有力的辩护。

在我看来，丹托在哲学与艺术问题上的总体性思路，是对哲学的进一步"减负"。如上所述，在传统哲学的框架中，艺术在认知上是无用的，在实践上是危险的。为了降低艺术在实践上的危险性，它必须受到哲学的约束，在传统哲学的框架中，美学为艺术提供了某种约束。丹托说过，是杜尚让他认识到："从艺术的角度看，美学是危险的，因为从哲学的角度看艺术是危险的，而美学则是哲学用以对付艺术的机制。"② 这就是说，现代艺术的实践表明，对艺术而言，美学或者说传统美学其实是一个不必要的负担。由此，丹托在某种程度上实现了哲学与艺术的分离。

二

在《杜尚的〈蓝皮书〉与〈棕皮书〉》一文中，刘云卿指出，杜尚的重要意义在于其"改变了提问的方式，比如，'它美吗？'换成了'它是艺术吗？'趣味无足轻重。去设问、质疑或者理解，而不是去感受；让你不安，

---

① 丹托指出，"艺术作品的结构与修辞的结构是一致的，而修辞的职责则在于通过影响情感来改变男人和女人的心灵，从而改变他们的行为。"参见亚瑟. C. 但托：《哲学对艺术权能的剥夺》，郑伊看译注，李军校定，《艺术设计研究》，2010 年第 3 期，第 104 页。

② 亚瑟. C. 但托：《哲学对艺术权能的剥夺》，郑伊看译注，李军校定，《艺术设计研究》，2010 年第 3 期，第 100 页。

而不是让你安逸。"①

我们知道,自18世纪以来,随着"美的艺术"(fine arts)这一概念的出现,美似乎已成为艺术的"本质",人们判断一件艺术品好或坏,往往以美或不美为标准。在这样的理解中,艺术和审美几乎成了一回事,即某种关于趣味的东西。且如康德所言,审美是超功利、无关乎利害的,在这种意义上,艺术或审美必定是某种赏心悦目,令人倍感舒适的东西。将艺术或审美从关乎利害的实践活动中隔离开来,一方面固然使艺术或审美更显"纯粹",另一方面也让艺术或审美成了某种装饰性的、无关紧要的东西。

1917年,杜尚的一个命名为《泉》的艺术作品的展出,如刘云卿所言,改变了我们对于艺术的基本提问方式。在此之前,人们提及一件艺术品时,通常都会这样问道:它美吗?而这样一种提问的方式,预设了一个基本的前提,即判断某件东西是否是一件艺术品,在根本上不存在任何困难。也就是说,在传统的关于艺术的理解中,艺术品与现成品之间的区分,是清清楚楚、一目了然的。

《泉》的展出,改变了这一切。众所周知,《泉》是一件倒置的男性小便器,杜尚所做的工作,只是在其上签了名字和日期,并将其搬进了艺术展厅。杜尚的这一行为,和传统艺术家工作的方式可谓大相径庭。人们不由发问:它是艺术吗?以审美的眼光看,《泉》在任何意义上似乎都谈不上美。不仅如此,《泉》作为一件男性小便器,在传统的艺术品世界里,甚至有一种粗俗的挑衅意味。

在上述意义上,《泉》不仅改变了人们提问的方式,而且改变了人们对艺术的理解,使人们认识到:"艺术不仅包括那些具有'品味'的人所享受的具有形式美的作品,或者具有美感和道德提升意义的作品,还包括那些丑陋的、令人不安的、具有负面道德颠覆内容的作品。"② 艺术不再只是某种

---

① 刘云卿:《维特根斯坦与杜尚:赋格的艺术》,上海:上海三联书店,2016年,第118页。
② 辛西娅·弗里兰:《西方艺术新论》,黄继谦译,南京:译林出版社,2009年,第22页。

令人感到舒适的东西，它令人不安，启人思考。或许在这个意义上，我们可以认为，杜尚是一位反艺术的艺术家，而他反对的，是传统意义上对于艺术的规定或理解。

回到上面已提及的问题，即"它是艺术吗？"这一提问方式，让人们认识到，什么是艺术或什么不是艺术，并非总是那么清楚的。换句话说，在艺术品和非艺术品之间，并没有一条清晰的分界线。那么，这是否意味着，所有的寻常物都是艺术品，抑或人人都是艺术家？对于这一问题，至少在日常直觉的意义上，我们很难给出肯定的回答。因为这样一来，"艺术""艺术品"或"艺术家"的概念，就近乎是毫无意义的。

对于上述问题，丹托给出了自己的回答。丹托指出："为了把某种东西看做艺术，至少需要具备艺术理论的氛围以及关于艺术史的知识。"[①] 换言之，某件东西是否是一件艺术品，并非由这件物品本身的属性来决定，而是有赖于一个更大的艺术世界。毫无疑问，丹托的这一回答，带有一种黑格尔式的整体论意味。按照丹托的这一观点，那种脱离艺术理论和艺术史而单纯考察艺术品的做法，是不得要领的；我们甚至可以说，只有在一个艺术世界中，我们才能最终确定某一物品是否是艺术品。

上述丹托思考问题的方式，与维特根斯坦有别。后期维特根斯坦主张"不要想，而要看"——在这里，维特根斯坦的意思是，不要试图通过"想"即某种理论思考的方式来辨识事物间的差异；而要通过直接"看"，即在现象的层面上"看"出差异。但在丹托看来，认为杜尚的《泉》是一件艺术品，并非因为这件物品本身有什么外在的特征有别于其他寻常物，而是某种特殊的理论氛围及艺术史的视域，才使其成为一件伟大的艺术品。

杜尚的《泉》既是一个男性的小便器，又是一件伟大的艺术品，这并不意味着所有的男性小便器都是艺术品；更不意味着所有的寻常物都是艺

---

① 阿瑟·丹托：《寻常物的嬗变——一种关于艺术的哲学》，陈岸瑛译，南京：江苏人民出版社，2012年，第167页。

品——尽管在理论的意义上，一切寻常物都有成为艺术品的可能。之所以这样说，在丹托看来，是因为"艺术"并非一个孤零零的概念，而是在与"现实"这一概念进行对照的过程中，才显示出其真正的意义来。

在《寻常物的嬗变——一种关于艺术的哲学》一书的第三章"哲学与艺术"中，丹托指出："人们能想象一个没有艺术品的世界，或至少是这样一个世界，生活在其中的人不把任何东西叫做艺术品，在这样一个世界中，现实概念是尚未诞生的。"① 丹托通过这一"思想试验"表明，如果没有"艺术"的概念，所谓"现实"概念也是无从谈起的。在这个意义上，丹托虽对艺术持一种开放的态度，但他仍然坚持认为，艺术在这一点上与哲学一样，都与现实保持着一定距离。

三

尽管有杜尚的《泉》等作品在先，对丹托而言，安迪·沃霍尔的《布里洛盒子》更富有启示意味。布里洛盒子原是一种普通的包装盒，安迪·沃霍尔按照其形式，仿制了一个结构完全相同的盒子。而且从外观上看，安迪·沃霍尔的仿制品与作为商品的包装盒看上去没有任何差别。1964 年，《布里洛盒子》的展出，泯灭了艺术品和现成品之间的界限，在丹托看来，这就意味着艺术的终结。有关丹托的"艺术终结论"，人们有不同的看法和解读，一种最常见的解释认为，艺术自此终结于哲学。具体分析如下。

在传统的意义上，无论是艺术还是哲学，都与现实有相当长的距离。《布里洛盒子》的出现，让丹托认识到，艺术品与现成品之间的传统界限消失了。这样一来，"什么是艺术"就成为有关艺术的第一难题。对于这一艺术划界的问题，却不是艺术本身所能回答的，这是一个艺术哲学的问题——正如对于"什么是科学"这一划界问题，并非科学本身所能回答，这是一个

---

① 阿瑟·丹托：《寻常物的嬗变——一种关于艺术的哲学》，陈岸瑛译，南京：江苏人民出版社，2012 年，第 101 页。

科学哲学的问题。有不少人因此认为,丹托"艺术终结论"的涵义即艺术终结于哲学,或者说艺术被哲学取代了。

但对"艺术终结论"的以上解释,其实可能是一种常见的误解。在本文之前的讨论中,我们已经谈到,丹托认为一部艺术史同时也是一部哲学剥夺艺术权能的历史,也即是说,在传统的意义上,艺术总是试图回答哲学的问题——而这正是哲学不合理干预或试图控制艺术的结果。《布里洛盒子》的展出,则为人们提供了这样一个契机,它迫使人们认识到,"什么是艺术"这一哲学问题,本不应该由艺术来回答。

在上述意义上,"艺术终结论"在丹托那里,其"真实意图并非让哲学去取代艺术,而是要让艺术和哲学都回归自己——意味着各自认识到自己的本性,即艺术不是哲学,哲学也不是艺术"①。简而言之,让哲学的归哲学,艺术的归艺术。这是对哲学和艺术的双重"减负"。哲学与艺术的分离,意味着自此之后,艺术既无须接受哲学的指导,也不用再挣扎着去回答那些本属于哲学的问题。

在与潘公凯的"对谈"中,丹托说:"艺术终结并不意味着它就停止了,这不是我的本义。艺术终结意味着它不再焦虑艺术是什么,艺术不是别的什么,艺术就是'体现'和'意义。'"② 丹托此处所言,包含三层意思:一是艺术的"终结",并不意味着艺术死了、不再发展了,由此,那种认为丹托对艺术的未来持悲观态度的解读,是缺乏充足依据的;二是艺术的"终结"意味着它不再试图回答"艺术是什么",因为那是哲学的问题;三是艺术有其"本质",即体现于艺术品中的意义。在这一点上,丹托有别于许多后现代主义者,因为他尽管对"艺术"持一种开放的态度,但并不由此认为这一概念是无法定义、毫无边界的。

有关上述第三层意思,丹托解释说:"意义被体现于作品中,'体现'是

---

① 李军:《被扭曲的但托——对"艺术终结论"的一项必要的事实陈述》,《艺术设计研究》,2010年第3期,第93页。
② 潘公凯:《现代艺术的边界》,北京:生活·读书·新知三联书店,2013年,第129页。

作品的一部分，是作品的属性，所以我对艺术的定义有了个好开头，'意义'和'体现'，艺术品和日常品可能看上去一样，但是有很大差别，艺术作品包含了阐释、分析，而一般物品不具备这些，'艺术界'就包含了对所有这些问题的解释。"① 换种说法，丹托的意思即是说，艺术品和现成品有可能看上去并无差别，但它们之间其实是有界限的，其界限在于艺术品经过阐释和分析，对人而言是有意义的；而现成品则是空洞的，不存在阐释和分析的空间。判断某件东西能否经由某种阐释和分析而显示出某种意义，则有赖于一个更大的"艺术界"，进一步说，即某种艺术理论的氛围和艺术史的视域。

在讨论了丹托的"艺术终结论"后，我们有必要简单回顾一下黑格尔的相关论述，因为黑格尔的论述也包含了对哲学与艺术关系的考察。我们知道，在早期分析哲学家罗素、摩尔那里，黑格尔的学说是他们猛烈攻击的对象。在整个分析哲学的传统中，包括黑格尔在内的欧陆哲学家，总体上是不受欢迎的。但作为分析哲学家的丹托，是一个例外，他不仅对欧陆哲学抱有兴趣，而且对黑格尔的哲学持赞赏态度，并在某种程度上受其影响。

概而言之，黑格尔大致是从两个角度出发来讨论艺术终结问题的。

一是从绝对观念发展的角度看，黑格尔将艺术分为象征型、古典型和浪漫型。在他看来，象征性艺术的特征是形式压倒内容，古典型艺术的特征是形式和内容间和谐一致，浪漫型艺术的特征则是内容压倒形式。

从艺术史的角度看，从象征型艺术到古典型艺术再到浪漫型艺术的发展过程，是一个形式越来越弱、内容越来越强的过程。在这样一种总体趋势中，浪漫型艺术的进一步发展，即意味着脱离形式，只剩下纯粹精神的内容了。而没有形式，则无所谓艺术，于是艺术就终结了。但黑格尔所谓"艺术的终结"，"并不是说艺术从此消失（死亡）了，而是说，艺术对人的精神（心灵）来说，不再有过去那种必需的和崇高的位置了"②。

---

① 潘公凯：《现代艺术的边界》，北京：生活·读书·新知三联书店，2013年，第144页。
② 叶朗：《美学原理》，北京：北京大学出版社，2009年，第276页。

二是从历史发展的角度看,黑格尔将人类历史划分为诗的时代和散文的时代,他认为传统社会是诗的时代,有利于艺术的发展;而现代社会则是一个散文的时代,在这样的社会中,人们热心于各式各样的算计,唯独缺少了诗情。由此,黑格尔认为,现代社会是不利于艺术发展的,因此对艺术的未来抱一种悲观的态度。

通过以上简单的比较,我们可以看出,丹托有关艺术终结的论述,虽脱胎于黑格尔,但二者的出发点、论证思路及总体态度,都存在明显的差异。有学者指出:"在黑格尔的叙述中,充满着对古典艺术的赞美,以及对艺术黄金时代一去不返的忧伤。对于丹托来说,情况则不是如此。新艺术的层出不穷,给他带来阐释的焦虑,也由此出现对艺术本质的质询。"[1] 在这一点上,我们愿意站在丹托一边,直面当代艺术实践对人们带来的诸多挑战,并对艺术的未来持一种开放的态度。

---

[1] 高建平:《"进步"与"终结":向死而生的艺术及其在今天的命运》,《学术月刊》,2012年第3期,第101页。

维特根斯坦的启示[①]

一、哲学与科学

哲学起源于古希腊,这是哲学史的一般看法。而且多数人也认为,在古希腊,哲学与科学未分,它们是连在一起的。用今天的话说,在古典时代,一个哲学家同时又是一个科学家。而且在诸种科学之中,哲学格外看重数学(几何学)、逻辑学的成就,因为这两个学科的普遍诉求,与哲学有更深的联系。将数学的方法,应用到对宇宙诸天体的研究中,就形成了天文学。而且事实上,天文学的确是最早运用数学方法进行研究的学科。推而广之,将数学的方法应用于广阔的外部世界,则成为造就近代物理学的一个必要条件。如此,牛顿《自然哲学的数学原理》一书,就成为康德哲学的反思对象。自然科学的巨大成功,使不少哲学家认为,数学化的方法,不仅适用于自然世界,而且对人世间诸问题的研究也当有积极作用。斯宾诺莎采用几何学的方法,证明伦理命题,正是对此一思路的展开。今天,我们很容易就会批评说,这种证明的方式其实不必要,甚至是一种误用。但反过来想一想,如果斯宾诺莎不采用这样一种证明方式,其《伦理学》一书是否能在哲学史上有今天这样的地位呢?

科学研究有其基础性的一面,它是科学家自由探索的领地。在此之外,基于科学成就带来的技术进步,极大地改变了人们看待世界的观念。当此之

[①] 原载《中国研究生》,2014年第2期。

时，不少学科相继从哲学的母体中脱离出来走向独立。哲学的地盘越来越小。伴随这一进程的思潮，是哲学科学化的要求。而哲学的科学化，则首先意味着对形而上学家的拒斥。这一主张的有力表达，体现在维也纳小组的宣言之中。汉斯·汉恩、纽拉特和卡尔纳普在《科学的世界概念：维也纳学派》一文中写道："形而上学和神学家们相信，因而误以为他们的陈述说了某种东西或指谓了某种事态。然而分析表明，这些陈述并没有说任何东西，而仅仅表达了一定的心境和情感。表达对生活的这些情感可能是一项颇有意义的任务。但这种表达的合适手段是艺术，例如抒情诗和音乐。选择一种理论的形式来代替艺术的手段有一个危险，即把虚无冒充为理论的内容。如果一个形而上学家或神学家要保留这种惯用的语言外衣，那么他自己就必须清楚地了解并使人们知道，他并不是在描述，而是在表达；并不是在提出理论或传达知识，而是在写诗歌或讲神话。如果一个神秘主义者声称他有凌驾和超越一切概念的经验，人们无法否认这一点。但这个神秘主义者不可能对这种经验有所说，因为说就意味着用概念来把握和还原到可在科学上加以分类的事实。"①

基于拒斥形而上学、寻求统一科学理论的总体主张，维也纳学派的中国传人洪谦认为，20世纪最伟大的哲学家是爱因斯坦。

尽管在根本的意义上，维特根斯坦不满卡尔纳普等人拒斥形而上学的激进主张，但早期维特根斯坦的哲学写作，正如前面已提及的，的确与其关于数学基础、现代逻辑的思考有着内在的深层联系。我们可以说维也纳学派成员在一定程度上误读了维特根斯坦。但不应否认的是，之所以有这种产生误读的可能性，至少说明在一种表面的意义上，《逻辑哲学论》多少呈现出了与维也纳学派主张相似的一面。当然，也仅仅止于"相似"。

除对形而上学抱有最深切的同情，在哲学与科学的关系问题上，维特根

---

① 汉斯·汉恩、奥托·纽拉特、鲁道夫·卡尔纳普：《科学的世界概念：维也纳学派》，曲跃厚译，陈启伟校，载陈波、韩林合主编：《逻辑与语言——分析哲学经典文选》，北京：东方出版社，2005年，第202页。

斯坦始终不认同将哲学科学化的主张，而是致力于在哲学和科学之间，划出必要的界限。尽管这里的界限并不一定是明晰的，但无论如何，哲学不是科学，也不应该是科学，这一点在维特根斯坦那里始终是清楚的。

哲学不是科学，并不意味着它有自己独立的地盘并能以某种形式单独存在。维特根斯坦对物理学、数学、逻辑学、心理学、人类学、音乐、建筑、文学等领域都有着广泛的涉猎，并能针对其中的问题，进行哲学意义上的反思与批评。这一点可以告诉我们，哲学探索必须与诸学科保持一种对话关系，而不应闭门造车、以思辨的方式营构宏大体系。

一种常见的理解认为，说维特根斯坦的早期哲学与科学有密切联系，大家都承认；但要说维特根斯坦的后期哲学仍与科学有密切的联系，则不见得有道理。如何评价这一常见的理解，关键在于我们如何理解科学。

对于科学的理解，自近代以来人们多以物理学为典范。但在这一典范之外，还有一种科学，以博物学为典范。两种科学之间，有相当大的差异。物理学的基本概念是高度抽象化的，依此种概念建构出的物理学世界，必然具有高度理想化的特点。当然这种理想化并不表明它脱离了经验的"约束"，而是意味着一种脱语境的普遍性。维特根斯坦早期哲学的风格与此有极大的相似性。而以博物学为范型的科学，则不具有这种高度抽象化的特征；它更多强调到真实的自然世界中去实地考察，而非基于一种理想化的实验条件去建构数学模型。在我看来，后期维特根斯坦哲学，与这种以博物学为典范的科学观之间存在一种类比的可能性。这种知识观更尊重真实世界中存在的诸事物以及它们本然的存在方式。因此我认为，与博物学考察真实世界中诸生物及其存在方式类似，维特根斯坦在《哲学研究》中考察了诸语言现象及其使用情况。

关于这一点，维特根斯坦在《哲学研究》一书的序中有清楚的说明："我数次尝试把我的成果熔铸为这样一个整体，然而都失败了；这时我看出我在这点上永不会成功。我看出我能够写出的最好的东西也不过始终是些哲学札记；当我违背它们的自然趋向而试图进一步强迫它们进入单一方向的时候，我的思想马上就变成了跛子。——而这当然同这本书的性质本身有关系。这种探索迫使我们穿行在一片广阔的思想领地之上，在各个方向上纵横交错地穿行。——这本书里的哲学札记就像是在这些漫长而错综的旅行途中所做的一系列风景速写。"①

在上面这段话中，维特根斯坦指出，《哲学研究》一书的写作形式与"这本书性质本身有关系"。这就意味着，在一定程度上，我们可将此段话视为对《哲学研究》的一种总体性说明。维特根斯坦指明，他之所以没有能力将这些哲学札记做一种整体性的整合或安排，原因在于他不能违背这些思想的"自然趋向"而做某种单一化的处理，因为那意味着使自己的思想变得残缺。而一旦放弃了那种非分的企图之后，他的哲学探索反而获得了更开阔的视野，并"使我们穿行在一片广阔的思想领地之上，在各个方向上纵横交错地穿行"。当此之时，哲学家所能做的，就不是进行某种不切实际的抽象或概括，而是应像一个风景画家一样，在思想的旅途中随时画下一些哪怕是凌乱的"风景速写"。

经过以上简要分析之后，我们似乎可以问：维特根斯坦反对科学吗？而之所以有此一问，主要基于这样一个问题，即科学能带给我们人生的意义吗？如果不能，是否意味着科学是有罪的？一种可能的理解是：科学不仅不能为我们的人生提供意义，而且是摧毁我们传统价值观的罪魁祸首。如此，我们是否就有足够的理由来反对科学本身？

在我的理解中，维特根斯坦的确说过，科学的进步并不能解决人生的意义问题。这是一种相当理智的认识。除此之外，维特根斯坦对人类在现代性处境中的意义问题，即心灵归于何处，的确有深度的困惑与焦虑。但通过上文的考察我们可以看出，维特根斯坦并不反对科学，他反对的是对科学进步的盲目崇拜。而且在我看来，维特根斯坦清楚地认识到科学有其限度，而这也正是科学自身所承诺的东西。因此，相较于那种基于表面的浅见而崇拜或

---

① 维特根斯坦：《哲学研究》，陈嘉映译，北京：商务印书馆，2016年，第1页。

反对科学的鲁莽之举,维特根斯坦对科学有更深刻的理解。

二、哲学与哲学史

关于哲学与哲学史的问题,有一个现成且讨巧的说法:没有哲学的哲学史是盲目的,没有哲学史的哲学是空洞的。表面看来,这种说法相当"辩证",似乎也很有道理。但问题在于这样一种说法,对我们深入理解两者的关系并无多大帮助。而且,即使我随口就能背出这句话,对于实质性的研究仍无多少助益。而我们之所以有必要讨论这一问题,一是出于认识的需要,即希望对两者的关系能有一个更为深入的理解;二是在此基础上反思一下我们的哲学教育,其主导性思想或观念是否真有道理;三是对此问题的探讨可能有助于我们展开积极而有创造性的哲学研究。

从日常性的观念出发,一个流行的似乎也是被人们普遍接受的观点为哲学即哲学史。这一观点的来源当属黑格尔。我想这样一种对哲学的理解,不能说完全没有道理,但可能今天的确很少有人像黑格尔那样,会去写一部哲学百科全书,把以往的哲学都纳入自己的逻辑框架之中。不过,说很少,也不是没有。事实上,一些学者把能否建构出属于自己的哲学体系,看得十分重要。但即使不一定建构宏大体系,人们仍多认为哲学研究的正路,应从研究哲学史入手。具有典范意义的,是冯友兰式的哲学研究,先以写哲学史的方式"照着讲",之后才有所谓的"接着讲"。当代的美学学者之中,叶朗的整体研究思路也是沿着这一条路线来的:先研究中国美学史,写一部《中国美学史大纲》,在此工作的基础上,再进行理论探索,力求有新的见解,写成《美学原理》一书。

在我们的哲学教育中,也渗透着这样的理解,即格外看重哲学史教育,而对哲学问题本身反而关注不够。徐友渔谈过,在国外,英美学生和中国学生,在一些方面相当不同。英美的学生,多能抓住问题本身争个高低,而他们对哲学史的相关争论,可能并不一定非常清楚。但这也没关系,因为他们讨论的是问题,而不是专门的哲学史研究。中国学生则不然,他们在读一本书的同时,喜欢将其他人和很多本书的意见密密麻麻地抄在这一本书上。这种学习方法的好处是:我们能获得比较渊博的学识,但这与哲学那种求真的内在精神,的确相距遥远。相当清楚的一点是:中国学生在国外的学习状态,大半是国内学习状态的一种延伸。而与中国学生的学习风格相近的,还有德国学生。此种尊崇权威而不是理性的研习方式,在国内,也格外鲜明地体现在一些研究中国哲学的学者身上。

文献考订式、训诂式的研究方式,严格说来,不仅不能算是哲学研究,甚至不能算好的哲学史研究。韩东晖在《哲学史研究中的分析史观与语境史观》一文中指出,哲学史研究中的分析史观就认为:"哲学史编纂不能仅限于钩沉文本,阐明事实,推究因果,还要分析概念,重构论证,彰显意义。"① 我比较认同这一思路。韩东晖在上引论文中还提道:"对于历史文本中主题思想的不一致之处,分析史观往往直指为矛盾,称之为缺陷,语境史观则探本穷源,务求同情之了解。"② 我不能说语境史观没有道理。但在中国当下的历史研究中,"务求同情之了解"的呼声似乎甚高。在一般的历史研究中,苛责古人的确没有意义,强调一种同情之理解的研究态度,也可能是有益的;但在哲学史的研究中,以同情之态度代替真假判断,则不一定是一种好的研究进路。

在上述论述的基础上,我们看看维特根斯坦的哲学实践能带来什么样的启示。众所周知,维特根斯坦研究哲学,并没有先按部就班地写出一部哲学史,然后在先贤们的基础上"接着讲"。而且,传记资料显示,维特根斯坦对哲学史根本就不熟悉。在哲学史上,他比较熟悉的哲学家,可能只有柏拉图、叔本华和克尔凯郭尔。按我们哲学教育的标准,维特根斯坦可能会因为不怎么读经典原著,而被视为浮躁、不读书的典型。但问题在于,维特根斯坦真的不读书吗?不是。至少可以肯定的是,他读过弗雷格、罗素、尼采、

---

① 韩东晖:《哲学史研究中的分析史观与语境史观》,《中国社会科学》,2011年第1期,第44页。
② 韩东晖:《哲学史研究中的分析史观与语境史观》,《中国社会科学》,2011年第1期,第45页。

托尔斯泰、陀思妥耶夫斯基等人的著作,詹姆斯的《宗教经验种种》,斯宾格勒的《西方的没落》,魏宁格的《性与性格》等,甚至还有大量的侦探小说。而且,维特根斯坦的读书方式,并不以在学科或哲学史上有定评的经典著作为准,而始终以解决问题为目的。当然,这里所说的问题既有哲学意义上的,也有生命意义上的;而且,我们很难说这两种意义上的问题在他那里能做出清楚的切割或划分。

我并不是强调读经典有什么错,事实上我们也应该强调认真读经典,因为经典之所以成为经典,必定有其不凡反响之处;与一般的书籍相比,经典更有可能带给我们更多的启发。我想指明的是,对经典著作的强调,绝不应以对其他诸学科知识的贬低为前提。尤其应注意的是不能以读经典为理由,而放弃对当代前沿问题的关注。事实上,我们可以看到,维特根斯坦虽然对哲学史不熟悉,但他的哲学思路,的确也是"接着讲"(弗雷格、罗素)的。而且这种"接着讲",对他的老师罗素也产生了实质性的影响。

陈嘉映在《简明语言哲学》一书中总结说:"维特根斯坦不是哲学专业出身,哲学史的造诣不深,但他具有极深厚的文化素养,并以最本真的方式继承了西方哲学爱智慧、爱真理的精神,他对人类生存本质的深刻感知,以及他在理智上的特殊天赋,使他在哲学上达到了其他哲学家难以企及的深度。"[①] 基于本文的关注点,从这一总结中,我们或许可以引申出两点评论:一是创造性的哲学研究,并不必然以对哲学史的研究为前提;二是对于创造性的哲学研究,哪怕是维特根斯坦,也必定在某一传统之中创新,而不会进行一种脱离了传统的所谓创新。但维特根斯坦对传统的把握,的确又不是以通常的方式来进行的。因此我们可以说,与那种表面对传统的恭维不同,要真正继承某一种传统,离不开对其内在精神的实质性把握。

回到有关中国哲学研究的问题上来。从历史的角度看,我们不得不说,西方哲学自传入中国之初,人们就对其多有戒惧。这种戒惧既有政治上的,

---

① 陈嘉映:《简明语言哲学》,北京:中国人民大学出版社,2013年,第95页。

又有思想上的。从政治的角度看，陈国球在《文学如何成为知识？》一书中提及，在拟定《奏定京师大学堂章程》之时，"……当时主政者对'泰西哲学'心存畏惧，以为会助长'民权'、'自由'等思想"①。"有关'哲学'是否适宜在学校设科的问题，在当时更是个敏感的课题，就守旧派人士眼中，这是'民权'与'自由'之别名。"② 这样一种政治上的担心，不能说没有道理。因此在我看来，"自由"与"民权"等现代思想，的确是一种观念上的证成，而非基于人类历史的实况总结。

思想上的不适应感，则以一种文化保守主义的方式展现出来。在这一方面，陈寅恪算一个代表，他在《冯友兰〈中国哲学史〉下册审查报告》一文中写道："窃疑中国自今日以后，即使能忠实输入北美或东欧之思想，其结局当亦等于玄奘唯识之学，在吾国思想史上，既不能居最高之地位，且亦终归于歇绝者。其真能于思想上自成系统，有所创获者，必须一方面吸收输入外来之学说，一方面不忘本来民族之地位。"③ 此一主张，直至今日，仍有其深远影响。我不能说这一主张没有道理，但也并不以此为唯一判断标准。

但无论如何，从哲学的本性上讲，我们更应珍爱其所蕴含的求真冲动，而不应在此之外，以强调某一文化的特殊性为旨归。要知道哲学作为一种求真的活动，虽然的确是一种文化，但我们不能因此而将其笼统地混同于一般文化。以此观点来看，至少就哲学研究而言，那种对某一特殊性的强调以及所谓的中西学之争等，很难说在学术上是有意义的。对于所谓中西学之争，王国维抱有通达的理解，于今观之，仍切中问题要害。他在《〈国学丛刊〉序》一文中写道："中国今日，实无学之患，而非中学西学偏重之患。"④"余谓中西二学，盛则俱盛，衰则俱衰，风气既开，互相推助。且居今日之

---

① 陈国球：《文学如何成为知识？：文学批评、文学研究与文学教育》，北京：生活·读书·新知三联书店，2013年，第11页。
② 陈国球：《文学如何成为知识？：文学批评、文学研究与文学教育》，北京：生活·读书·新知三联书店，2013年，第61页。
③ 叶朗：《文章选读》，北京：华文出版社，2012年，第304页。
④ 叶朗：《文章选读》，北京：华文出版社，2012年，第298页。

世，讲今日之学，未有西学不兴，而中学能兴者；亦未有中学不兴，而西学能兴者。"①

三、 哲学与生活

在讨论早期维特根斯坦思想及其转变时，陈嘉映曾说："虽然我不鼓励读者从奇闻轶事来理解哲学，但我还是忍不住要说，哲学差不多就是我们最隐晦的灵魂和最明晰的逻辑连在一起的努力。唯对其一感兴趣的是虔诚的教徒或逻辑教师，而不是哲学家。"② 从这个角度出发，则我们关于"哲学与生活"这一问题的讨论，就不至于毫无意义了。而要讨论两者的关系，至少要讨论这样两个方面：一是哲学从生活中获得了什么？二是生活从哲学中获得了什么？

先来看第一个方面。事实上，在很多的哲学家看来，哲学与生活之间，没有什么必然的联系。上面已经提到，哲学在其发端处就与科学连在一起。这就意味着：一个兼具哲学家和科学家双重身份的人，其对世界的认知及对这种认知的反思本身，有可能与他的日常生活从根本上来说没什么关系。而在哲学史上，将哲学与生活完美统一为一体的名人有苏格拉底、斯宾诺莎、康德，当然维特根斯坦也算一个。维特根斯坦认为，哲学是一种活动，而且在自己的生活中亲身践行这一主张，为其思想提供了一个绝佳的范例。

在早期维特根斯坦的哲学中，有所谓"图像论"一说，简而言之，即认为命题是事实的逻辑图像。而这一主张之所以成立，是因为在基本命题与事态之间，共有一个结构相同的逻辑形式。这一哲学思想的灵感来源，据维特根斯坦本人说，是生活中一次偶然事件的激发产物。一次他在法庭上看见，有人用图像的方式来演示一场车祸。维特根斯坦敏锐地觉察到，这样的演示之所以可能，至少证明，在图像演示和实际发生的车祸之间，有某些相似的

---

① 叶朗：《文章选读》，北京：华文出版社，2012年，第298页。
② 陈嘉映：《简明语言哲学》，北京：中国人民大学出版社，2013年，第92页。

逻辑结构。由此例出发，当他思考语言与世界之间的关系问题时，通过一个简单的类比，即想到语言的功能，或许就是在以某种可能的方式图示世界。

但在维特根斯坦后来的哲学思考中，对语言的上述看法，却成为他批判自己的靶子。在后期维特根斯坦那里，他不再将语言视为对世界诸种可能性的摹写，而更多从语言习得和日常使用的角度出发，强调诸语言游戏与生活形式之间的密切相关性。之所以有此转变，其中的一个原因，可由他自身的经历来解释。陈嘉映就此评论说："我们也有理由猜测，他对小学生的教学，以及和普通人的来往，与他后期转向'日常语言立场'不无关系。"① 展开一点来说，即早期维特根斯坦思考哲学问题的切入点，基于其对数学基础和逻辑问题的思考。而无论是数学还是逻辑，都具有极高的抽象性，也正是这种抽象性保证了其作为形式语言的普遍适用性；但这种普遍适用性是一种脱语境的使用，而脱语境则意味着某种理想性。早期维特根斯坦对哲学问题的思考，与这种理想性的语言观之间有深刻的内在联系。但当他转而从语言的日常使用角度出发来进行哲学思考时，就会发现以往那种语言观存在狭隘性。

维特根斯坦与学院的关系，也在"哲学与生活"的论题内。众所周知，维特根斯坦很不喜欢学院生活，也不喜欢学院中人。他对学院哲学的批评深刻而尖锐。他尤其反感学院哲学家用一套哲学行话来写作和思考，因为那意味着思想上的营养不良，甚至会造成思想窒息。基于这样的理由，维特根斯坦多次劝说其学生，不要选择成为一名哲学教授。而维特根斯坦自己，到1947年，也最终无可忍受地选择了辞职。

再来看另一个原因。维特根斯坦在生活中，不打折扣地保留了其在哲学研究中的那种强烈的求真精神。这种精神炽热而持久，足以灼伤许多与他亲近的人。牟宗三在《为学与为人》中讲道："能够面对真实的世界，面对自己内心的真实的责任感，真实地存在下去，真实地活下去，承当一切，这就

---

① 陈嘉映：《简明语言哲学》，北京：中国人民大学出版社，2013年，第94页。

是一个真人了,这就可以说了解真人的意思了。因此,所谓真人,就是说你要是一个真正的人,不是一个虚伪的、虚假的、浮泛不着边际的一个人。"①在此意义上,维特根斯坦就是这样的真人。

四、哲学是什么?

关于哲学本性的追问,一种常见的提问方式是:什么是哲学?这种提问方式与本文所谓的"哲学是什么",仅仅是一种语序上的颠倒吗?这两种问法有无差异?如果有差异,差异在哪里?

在我看来,这两种不同的问法,绝不仅仅是一种语序上的颠倒,而是存在实质性的差异。不同的提问方式,意味着不同的思维习惯。简而言之,当我们追问什么是哲学的时候,我们就在事实上寻求哲学的定义,或者说试图探寻哲学的本质。而且这种提问的角度,是从外部发出的,即假定了一个外行人提问和一个内行人可能回答这样一种原始图景。当然在这一图景之中,一个内行人也可能抽身事外,用一种外行人的口气随时发问。对哲学而言,这种发问尽管似乎没什么成效,却是正当的,甚至可以说这种持续的自反性追问正是哲学的一个特点。尽管如此,这样一种提问方式已经预设了一种本质性的存在,因此在维特根斯坦这样的哲学家看来,这不过就是一种语言的误用。

但"哲学是什么"这样的提问,并不以预设一种本质性的存在为前提,而是在既有的理解之上,力图提供一些合理的解释。毫无疑问,这一提问的角度,是从内部发出的。因此,对"什么是哲学"这一提问,正确的回答只有一种。回答"哲学是什么"这一提问,却可能有多种回答方式,而且只要这些回答方式之间没有太大的冲突,则可能均被视为合理,或被视为至少是可接受的。

在简要分析了这两种提问方式的差异之后,我们或许可以这样追问:为

---

① 叶朗:《文章选读》,北京:华文出版社,2012年,第343页。

什么要问这样的问题？对此问题的不同回答，又会带给我们什么样的后果？在我看来，对"什么是哲学"这一提问的回答，其目的在于消除无知。当然这种消除是否可能，则又是另外一回事。而对"哲学是什么"的回答，则意味着对哲学的不同理解。而对哲学的不同理解，对一个哲学家而言，则意味着不同的研究哲学的方式。

在传统形而上学的研究中，思辨是一种最重要的思维方式。以至到了今天，当我们说某个人长于思辨时，即意味着他有一个哲学化的头脑。但如果以一种常识的眼光看，有哲学头脑，难道就意味着有一种说怪话的能力吗？而且在日常生活中，我们的确也偶尔能碰到这样一种情况，思辨的头脑并不必然意味着深刻，反而有可能导向一种错乱。"哲学家都是疯子。"人们感叹说。

以维特根斯坦的哲学眼光看，思辨带来的，并不一定是深刻的洞见，而可能只是对语言的误用。从这个角度看，哲学即是对某种语言疾病的治疗。而治疗这种疾病的前提是对病情的正确诊断。这种诊断的方式，反映在维特根斯坦哲学中，就是对语言的分析。从思辨到分析，意味着一种哲学思维方式的改变。

如何理解分析？简而言之，分析的方式有两种，一种是逻辑分析，另一种是语义分析。之所以要进行语言的逻辑分析，是因为语言的表层语法有时是误导性的；而且传统形而上学中的许多问题，恰是语言误用的结果。因此，通过语言的逻辑分析，找出其真正的语法形式，就能在语言的层面上澄清道理。所以说，语言的逻辑分析，绝不仅仅是一种逻辑学的工作。语义分析，则更多面向语言的日常使用。而具体的分析方式，大致有两种：一种是拆解式的，即将一个大而含混的概念，拆分为小而意义明确的语词；另一种是关系性的分析，即分析哪些概念之间有真正的联系，又以何种方式联系（或哪些概念之间没有联系，即使它们之间有一种表面上的粘连）。

反哲学的维特根斯坦

一个关于剧场的隐喻，根植于人们对哲学的理解之中。在古希腊，人们参加公共活动，是常有的事，剧场只是其中一个公共场所。而到剧场之中的人，大致有这样几种：一种是演员或参赛者，他们投身竞争性的活动之中，追逐荣誉、展现卓越；另一种是看台上的观众，他们不参与竞争，是整个活动的旁观者；还有一种是生意人，趁着人多好做买卖。在这三种人之中，生意人的地位最低，因为他们的行为只为欲望的满足，既不展现卓越，也显示不出高贵。演员或参赛者稍好一点，他们可能表现良好，能展示出某种卓越的品质，而这是古希腊人所看重的。地位最高的无疑是看台上的观众，他们静静地端坐在那里，以旁观者的心态打量着这一切，犹如恒星般高贵。

后世所谓的哲学家所扮演的正是旁观者的角色。他们从事的理论工作，也并不以直接介入现实为要务，因为在根本的意义上，他们所追求的乃是认知意义上的真。但这样一种对哲学和哲学家的正统理解，从古希腊开始，即屡遭挑战。在这样一种背景下，当法国当代哲学家阿兰·巴丢（Alain Badiou）提出"反哲学家"这一概念时，就一点都不令人奇怪了。在反哲学家的谱系中，巴丢列出了一个不短的名单，其中包括赫拉克利特、圣保罗、帕斯卡、卢梭、克尔凯郭尔、尼采和拉康，而他对维特根斯坦哲学的考察，也正是将其放置在这样一个谱系之中进行的。

---

① 原载《中国社会科学报》，2019年1月29日第2版。

在《维特根斯坦的反哲学》[①]一书中，巴丢主要以维特根斯坦的《逻辑哲学论》为解读对象，阐发了维特根斯坦哲学的意义。但对于《哲学研究》一书，巴丢持一种极端反感的态度，不仅是因为此书蔑视数学，更因为它在20世纪英美经院主义哲学（即分析哲学）中的正统地位。巴丢对《哲学研究》的态度，并不令人难以理解，但正如刘云卿在《阿兰·巴丢的维特根斯坦》一文中所指出的，这一态度并不正确。其误解之处在于巴丢混淆了维特根斯坦本人的思想和针对维特根斯坦的巨量阐释，而在这两者之间，存在着根本性的差异。因为即使以巴丢的标准看，无论是形式还是内容，《哲学研究》对当代西方哲学，都是极具挑战性的。

维特根斯坦在《逻辑哲学论》中，运用现代逻辑的方法讨论了世界、事实、事态和对象等形而上学问题。但他对这些问题的讨论，是在对以往哲学的批评过程中展开的，更确切地说，有一个反形而上学的维度。维特根斯坦在此书中，做出了著名的可说与不可说之分，并指明真正可说的东西，是与可观察的经验相关的，即自然科学的命题。而那些超验的东西，诸如上帝、伦理、美学等，则是不可说的。巴丢指出："哲学的荒谬性在于它相信自己能够迫使不可言说之意义（即上帝，如果人们愿意这么说的话）在命题意义的形式下言说自身。"以我们的语言表述，即维特根斯坦认为，传统哲学因为误解了语言的用法，将形而上学当成了科学，自以为是在追求真的东西，但哪里知道，这样一些东西在根本上是无意义的。

哲学不是理论，而是一种行动，这是维特根斯坦关于哲学的著名主张之一。从我们在本文开篇谈及的那个隐喻看，这一说法的颠覆性在于：它将哲学与科学剥离开来，即不再认为哲学追求认知意义上的真，而更多地是一种行动。如此一来，哲学家亦不再是那个静静的旁观者，而更多扮演了政治家、演员或参赛者的角色。行动显示价值，"上帝"一词的意义，即不存在于命题之中，而是在行动中显现出来。

[①] 阿兰·巴丢：《维特根斯坦的反哲学》，严和来译，沙明校，桂林：漓江出版社，2015年。

巴丢指出:"数学是横亘在通向行动的伦理至高点之路上的主要障碍。"因为"如果数学能思考,那么柏拉图主义就有意义"。如果柏拉图主义有意义,那么正如传统哲学坚持的,沉思才是高贵和第一位的,而行动永远是次等的。事实上,在传统形而上学之中,数学处于极为核心的地带。数学关系的永恒性,昭示着这样的真理,即人们只有将自身的毕生精力投入形而上学的研究之中,才有可能获得真正意义上的不朽。而在现实世界之中,一切都是变动不居、转瞬即逝的,因此,针对具体事务采取的任何行动,都只有相对的价值和意义,而在根本上并不具备任何永恒性。维特根斯坦深知这一点,但正如巴丢指出的,他认为"自柏拉图以来,数学是一种主要欺骗,即形而上学欺骗的决定性支撑"。

在上述的意义上,为确立行动的优先性地位,对柏拉图主义数学观的批判就在所难免了。巴丢指出:"在晚期维特根斯坦向着智者学派转变之时,根本性的措施在于将数学相对化、悬置以及人类学化,归根结底是将数学打造成一种传统游戏,其最终的依托是我们的语言习惯。"这样一来,一切必然为真的东西都不存在了,有的只是相对的东西。这就从根本的意义上,为确立行动的优先性扫清了障碍。

从巴丢立场看,他对维特根斯坦思想中行动之优先性的确立持一种肯定态度。而且,他相当激进地认为,维特根斯坦在其个人生活之中,对这一思想贯彻得不够彻底。因为维特根斯坦在做过各种各样的行当之后,最后当上了剑桥的哲学教授,而这"在行动的照耀下显得荒谬,甚至令人恶心"。

但如果换一个角度,我们又可以清楚地看到,维特根斯坦对行动的强调,一旦推至极端,就正如 20 世纪所有激进的政治运动一样,其实是十分危险的。维特根斯坦在面对现实政治时的幼稚状态,表明人们对行动之优先性的积极强调,是多么容易走向一条危险的歧路。

维特根斯坦论哲学史

在关于如何做哲学的当代讨论中，按照一般的意见，大致有这样两种进路：一种是以哲学问题为导向的研究，另一种更强调哲学与哲学史的联系，甚至认为哲学即哲学史。一般而言，分析哲学注重对哲学问题的探究，而欧陆传统的哲学研究更强调论从史出。当然，这里所谓分析哲学与欧陆哲学的划分，是在相当粗略的意义上而言的，并不具有逻辑上的严格性。

对如何做哲学的不同理解，使人们对哲学的经典论著抱有不同的态度。在以哲学问题为导向的研究者看来，在当代的哲学学习和研究中，历史上经典的哲学论著只具有相当边缘化的意义：初学者应从哲学各分支学科的教科书开始自己的学习；如果不是做专门的历史研究，一般的哲学学者无须再去啃读那些晦涩的哲学经典。在为《20世纪分析哲学史》所写的代译序中，叶峰说："一些表述得较清晰的经典原作可以作为教科书的补充读物来阅读。至于那些晦涩难懂而且对其解释争议较大的经典原作，除专业哲学史研究者外，一般研究者则不一定需要去钻研。"叶峰的这一观点，在一些主张哲学即哲学史的学者看来，可能是极具误导性乃至是"危险"的。因为在他们看来，所谓哲学问题只能从哲学史中来，脱离了哲学史的"哲学问题"，要么是假问题，要么根本就不是哲学的问题。基于这一理由，他们主张哲学学习和研究的恰当起点应当是哲学史，这意味着人们应当严肃认真地看待历代哲学经典；而且，他们可以举出许许多多的例子来，并以此来说明哲学史之于

---

① 原载《中国社会科学报》，2020年3月3日第2版。

哲学学习和研究的重要性。

在以哲学问题为导向的研究者看来，维特根斯坦并非哲学科班出身，没读过几本哲学史，而对哲学史上的经典著作也不甚熟悉，但这并不妨碍他对哲学问题进行深度思考，并成为一名重要的哲学家；由此，这些研究者认为，哲学史并非哲学学习和研究的必需，维特根斯坦即是一个耀眼的例证。而在主张哲学即哲学史的一些学者那里，他们尽管一般也会承认维特根斯坦对哲学的贡献，但认为直接从问题出发而能对哲学有所贡献，只有少数天才才能做到，因此不应该成为一般学者效仿的榜样。有学者甚至讥讽说，那些主张哲学学习和研究应该直接从问题出发的学者，可能过高地估计了自己的智力水平。

那么，维特根斯坦本人是如何看待哲学史的呢？1933年12月22日，维特根斯坦在给C. L. 斯蒂文森的信中，谈到了他对哲学史的看法："遗憾你得大量阅读哲学史，因为阅读很难帮助你澄清自己的混乱。理解其他人的思想或者从其他人的迷乱中学到什么真的相当难，尤其当他们生活在很久以前，说着跟你不一样的哲学语言。可做的唯一事情一直是，告诉你自己你不理解他们究竟在说什么。如果你真正有过自己的思想，你就会知道他人很难准确地理解它，然后你还会知道你也难以理解其他人的思想。我知道，如果是一位哲学教授，你得声言理解每个人所说的东西……但你不是一位教授，所以享受自己的自由好了！"

在上述维特根斯坦所写的信中，我们可以看出这样几层意思。其一，大量地阅读哲学史是一件令人遗憾的事，因为这不仅无助于理清自己思想上的混乱，事实上也很难学到什么东西。之所以会出现这种情况，是因为大多数经典的哲学家都生活在遥远的过去时代，他们操着不同的哲学语言，这导致我们很难理解他们所说的究竟是什么。其二，在认识到理解的难度之后，我们能做的唯一事情，就是保持一种理智上的诚实，"告诉你自己你不理解他们究竟在说什么"，而不是谬托知己、自欺欺人地以为自己理解了他们。其三，抛开时代的因素不论，一位真正的思想者会认识到，哪怕是同时代的人，思想上的相互理解也是一件极难的事。其四，哲学教授们因为职业的关系，会声称自己理解了每个哲学家所说的东西，但对于并非哲学教授的人而言，这种"声言"是一种不必要的负担。

上段中所说的第三层意思，应该是维特根斯坦自己的经验之谈。1945年，维特根斯坦在为《哲学研究》所写的序言中，说他之所以会考虑出版这本书，主要是因为"我违乎所愿地了解到，我的成果在通过授课、打印稿和讨论得到传布的过程中，遭到多种多样的误解，或多或少变得平淡无奇或支离破碎。这刺痛了我的虚荣心，久难平复"。1949 年 8 月 23 日，维特根斯坦在给 P. 斯拉法的信中继续说："我在自己的人生中一步一步确立一个信念，即某些人彼此无法让他们自己被对方理解，或者至少能只在一个非常狭窄有限的范围内被理解。如果出现这种情况，那么每个人都倾向于认为对方不想去理解，然后就有无穷无尽的误解。"在这里，我们可以清楚地看到，维特根斯坦反复申明的，是人与人之间的相互理解是如此之难。

在维特根斯坦写给 C. L. 斯蒂文森的信中，我们还可以看到这样一个区分，即思想者和哲学教授不是同一回事：思想者会清楚地认识到，人们之间在思想上要做的相互理解是非常困难的；而哲学教授则声言他们理解了每一个哲学家所说的东西。按照维特根斯坦的这一区分，在如何看待哲学史的问题上，思想者和哲学教授会持有不同的立场：思想者相对不那么重视哲学史，而哲学教授则是以教授哲学史为业。就维特根斯坦本人而言，我们知道，维特根斯坦曾接替摩尔的职位，在剑桥大学当过一段时间的哲学教授，但他始终对学院化的哲学研究持一种怀疑的态度，并常常劝诫自己的学生不要以哲学研究为职业。1947 年，维特根斯坦更是主动辞去了剑桥大学哲学教授的职位。在这个意义上，维特根斯坦本人更多的是一位思想者而非哲学教授。

霍金是我们这个时代的天才吗?

2014年,詹姆斯·马什导演的《万物理论》(*The Theory of Everything*)上映,这是一部关于宇宙学家霍金的传记片。事实上,近十年来,此类关于纳什、图灵等科学奇才的影片不断上映,为公众展示了科学家们特立独行的迷人形象。尽管不同的观众不同角度对于此类影片有不同的评价,但对于片中主人公,许多观众都认为,他们是这个时代真正的"天才"。当然,从一种相当宽泛的角度而言,说这些科学家是天才并没有错。但从学术的角度看,"天才"一词的用法,似乎与其传统的用法并不一致。如此一来,我们就有必要从思想史的角度出发,对"天才"一词进行必要的考察。

本文拟选取康德、叔本华、魏宁格和维特根斯坦为对象,并对他们的天才观进行简要评述,以助于我们理解"何谓天才"。

一、康德论天才

罗素曾说:"德国的唯心论全部和浪漫主义运动有亲缘关系。"[①] 而作为德国唯心论奠基人的康德,自然被许多人认为是浪漫主义的起源。而本文关注的"天才"概念,也被认为与浪漫主义思潮密切相关。从这一角度看,严格意义上的"天才",是在现代性的语境中产生的。在《判断力批判》一书中,康德在多个地方讨论了天才问题,而本文有关此问题的如下简述,亦主要以此书为基础。

---

① 罗素:《西方哲学史》(下卷),马元德译,北京:商务印书馆,1976年,第246页。

在相当概括的意义上,康德认为天才具有如下特征:第一,原创性;第二,示范性;第三,天才无法对自己的才能给予科学的说明;第四,天才为美的艺术"颁布规则"。在以下分析中,我们将引述相关段落,对以上观点做进一步的说明。

在当代语境下,原创性不仅是艺术家自身极力追求的目标,也是人们评价一位艺术家之重量级的重要标尺。如果我们对某艺术家有如是评价:某某还不错,但就是在原创性上差了一些……对该艺术家而言,可能是毁灭性的,因为所谓原创性差根本就是说他作为艺术家是不够格的。但从思想史的角度看,这种对原创性的极度强调不过是18世纪以来的观念,在此之前,人们更多强调的是模仿。无论是德谟克利特的模仿自然,还是柏拉图所谓对理念的模仿,都不太强调艺术家个人的原创性。正因为如此,许多历史上流传下来的艺术珍品,我们甚至在今天都不知道它们的创作者是谁。

天才具有原创性的另一个层面,在于天才创造美的艺术的过程,天才并不像以往的工匠那样,只要具备一定的技巧,遵循一些既定的规则,就能制造出某一个特定类型的产品来。美的艺术的产生,不是遵循既定规则的产物,而是天才的创造,这是一个从无到有的过程。因此,康德才说:"美的艺术必然地被视为天才的艺术。"[1]

如果说在现代以前,艺术的模仿对象是自然、理念或神,那么到了现代以后,按照康德的说法,则是自然通过天才为艺术立法。在这个意义上,天才的原创性产品,必定同时是典范,且对其他艺术从业者具有示范效应。而所谓的典范,即以具体产品而非抽象规则的方式,为某一类型的艺术设立标准。比如在莫扎特之后,许多音乐家可能会说:"如果我的作品能像莫扎特一样好就好了……"在这种时候,对这些音乐家而言,莫扎特的作品就具有示范意义,是他们模仿的对象。而那些不具有示范意义的"原创性"作品,

---

[1] 康德:《判断力批判》(注释本),李秋零译注,北京:中国人民大学出版社,2011年,第131页。

则可能不过是一种没规矩的胡闹,它们的创作者也不可能是真正意义上的天才。

天才以其原创性的工作,为美的艺术创立典范,尽管如此,天才无法对自身所具有的卓越才能给予科学的说明。这在逻辑上是一种必然。因为如果天才能对自身的才能给予科学的描述和说明,那在某种程度上即意味着:天才的工作不过是对某些既定规则的遵循,这就从根本上否定了天才。因为天才的本意即他不遵循既有的规则,却能以创造典范性作品的方式,为后来的从业者"提供规则"。康德分析说:"天才这个词也很可能是派生自 genius〔守护神〕,即特有的、对于一个人来说与生俱来的保护和引导的精神,那些原创的理念就源自它的灵感。"① 从这里的分析看,天才具有的才能是"与生俱来"的,因此,天才的"成功"在根本上是不可复制的。这就告诉我们,在教育的层面上,所谓"培养"天才的提法根本就逻辑不通。因为所谓"培养",必定是按照某种既定的程序或规则来做的,但天才的本意是在既有的规则之外创造规则。从这个角度看,营造宽松而自由的创作环境,比所谓"培养"天才的做法,可能更有利于天才的出现和成长。

事实上,天才不仅无法对自己原创性的工作提供科学的描述和说明,甚至可能对自己是否是一个天才也一无所知。有学者指出,天才的艺术家凡·高"从不认为自己是个天才","……对他来说,艺术是以贫穷和困难为前提的,而不是社会的荣耀"②。尽管某些天才人物对自己的天才性有所知觉,但考虑到天才本身的稀有性,我们可以做出这样的推断,即在那些自我宣称是天才的人之中,真正的天才可能并不比不认为自己是天才的人群占有更高的比例。因此,我们可以说,天才之天才性是以其原创性的工作显示出来的,而非自我宣称的结果。

在本文的开篇部分,我们即指出,在相当广泛的意义上,人们将霍金、

---

① 康德:《判断力批判》(注释本),李秋零译注,北京:中国人民大学出版社,2011年,第132页。
② 卡斯比特:《艺术的终结》,吴啸雷译,北京:北京大学出版社,2009年,第143页。

纳什和图灵等科学家视为我们这个时代真正的天才,但在康德那里,天才"是一种艺术才能,而不是科学才能"①。而这种艺术才能,在其最根本性的方面,即是为美的艺术"颁布规则"。在这里,我们有必要强调的是,康德对"美的艺术"这一概念的看重。事实上,今天所谓的艺术,即诗、绘画、音乐等,在严格的意义上是指美的艺术。这一流行的艺术概念,并不包含一般性的技术工作以及像论辩术之类的自由艺术。康德通过对"美的艺术"这一概念的提出和强调,将艺术与一般性的技术区别开来,从而提高了艺术的地位。在此之后,艺术家不再是一般意义上的工匠了。

天才为美的艺术提供规则,这一思路的自然延伸,即海德格尔在《艺术作品的本源》一文中所指出的:在传统的意义上,当我们问什么东西是艺术品时,我们会说,所谓艺术品就是艺术家的作品。而实际上,这里的艺术家指的是天才。天才创造典范,以高度主观性的方式提供普遍性的规则、以某种后现代的眼光看,这不啻为一个神话。但无论如何,我们考察到康德对美学领域的强调,与其在哲学中对主体性的高度强调是一致的。

如上关于天才问题的讨论,已大致勾勒出康德对此问题的基本认识。为加深对此问题的理解,我们有必要换一个角度,做进一步的讨论。在否定性的意义上,我们或许可以说:第一,天才不是模仿;第二,天才不是勤奋学习的结果;第三,理性的研究不需要天才;第四,天才的能力不同于鉴赏。

在关于天才原创性的讨论中,我们已指明天才是独创而不是模仿。康德甚至说:"……天才是与模仿的精神完全对立的。"② 从相反的角度看,这一极端表述甚至表明,对于一个艺术家而言,高超的模仿能力正是其并非天才的证明。天才不因某种杰出的模仿能力而成就,但天才所创造的作品,一定是其他人模仿的对象。有关这一点,我们在关于天才之示范性的部分已有

---

① 康德:《判断力批判》(注释本),李秋零译注,北京:中国人民大学出版社,2011年,第140页。

② 康德:《判断力批判》(注释本),李秋零译注,北京:中国人民大学出版社,2011年,第132页。

讨论。

在与对科学知识学习的对比中,康德指出天才作为一种自然的禀赋,并非人勤奋学习就能获得。他认为普通人可以通过学习,理解牛顿的《自然哲学的数学原理》,但对一个缺乏天才的人而言,无论如何都"……不能学会富有灵气地做诗,哪怕诗艺的一切规范是如此详细,它的典范是如此优秀"①。简而言之,科学知识是可学的,而天才作为一种自然的心灵禀赋,并非后天学习的结果。

在艺术创作领域,天才因其特有的禀赋而闪耀着夺人的光芒,但在此之外,天才的言行并不足凭信。尤其是在理性的研究工作中,任何天才的行径极有可能是无知的胡闹。康德指出:"如果某人甚至在谨慎的理性研究的事情上也像一个天才那样说话和作决定,这就尤其可笑了。"② 这就从一般的意义上告诉我们,任何杰出的才能必有其适用领域,即使天才也不例外。无视这一基本事实,而以权力之手向全社会推荐某种特别的才能,则必定导致大面积的不良后果。

在《判断力批判》的第48节,康德还专门讨论了天才与鉴赏的关系。对此问题,康德有如下表述:"为了把美的对象评判为美的对象,要求有鉴赏,但为了美的艺术本身,亦即为了产生这样一些对象,则要求有天才。"③ 这一表述指明,与鉴赏的评价性不同,天才是生产性的。也就是说,良好的鉴赏力是对既有的产品做出恰当的评判,但天才的工作是无中生有的创造。因此,在天才与鉴赏的关系中,天才在逻辑上是占先的——如果没有天才的独创性工作,鉴赏就因其对象的缺席而从根本上无从说起。

---

① 康德:《判断力批判》(注释本),李秋零译注,北京:中国人民大学出版社,2011年,第132页。
② 康德:《判断力批判》(注释本),李秋零译注,北京:中国人民大学出版社,2011年,第134页。
③ 康德:《判断力批判》(注释本),李秋零译注,北京:中国人民大学出版社,2011年,第134页。

二、叔本华论天才

叔本华是现代西方哲学的开创者,但他的思想本身,与东西方思想传统都有着紧密的联系。因此,他最有名的著作被视为"拼凑"① 之作。但叔本华之所以是叔本华,在于他能在"拼凑"的基础上推陈出新。叔本华哲学的思想来源,主要有三个方面,柏拉图、康德和印度,而在这三者之中,康德有着显而易见的重要性。叔本华曾自负地宣称,在康德和叔本华之间,没有任何重要的哲学家。从这个角度看,叔本华自认为是康德哲学理所应当的继承人,并对康德哲学进行了重要的修正。

在有关天才的问题上,叔本华继续了康德的讨论,并对此提出了自己的见解。叔本华在《作为意志和表象的世界》一书的第三篇《世界作为表象再论》和第四篇《世界作为意志再论》中,对天才问题讨论尤其多。概括说来,叔本华认为天才有这样几个特征:第一,天才认识理念;第二,在日常生活中,天才是呆子、傻子;第三,天才没什么数学本领;第四,天才是痛苦的;第五,天才和美德一样,不可教;第六,天才卓尔不群。

叔本华是通过与概念的对照,来讨论理念问题的。在他看来,概念因其抽象性,而使任何人都能以理性的方式来理解和把握它。理念则不然,它有某种直观性,而且只有某种形而上的主体才能认识它。叔本华指出:"它〔理念〕绝不能被个体所认识,而只能被那超然于一切欲求,一切个性而已上升为认识的纯粹主体的人所认识;也就是说只能被天才以及那些由于提高自己的纯粹认识能力——多半是天才的作品使然——而在天才的心境中的人们所获得。"②

在这里,我们有必要对理念做进一步分析。在康德哲学中,现象与物自

---

① 张庆熊:《在"拼凑"中推陈出新——探讨叔本华哲学研究的思想线索》,《云南大学学报》(社会科学版),2011年第5期,第3—9页。
② 叔本华:《作为意志和表象的世界》,石冲白译,杨一之校,北京:商务印书馆,1982年,第323页。

身有着清楚的区分,而且康德认为,人只能认识现象,而在根本上无法认识物自身。因此,从认识论的角度看,"物自身"对人的理性认识能力而言,是一个限制性的概念。但在叔本华看来,康德所谓的物自身就是意志,因此,整个世界的本体就是意志。叔本华还认为,意志并非不可认识的。这里所谓的理念,是对意志的完美客体化。理念由此也是可认识的,但并非所有人都能做到这一点。在上段引文中,叔本华认为只有天才或经由天才作品的引导而进入天才心境中的人们,才能认识理念。

天才的作品是什么?叔本华认为是艺术品。天才认识理念,在此之后,他将其认识到的东西复制在一个作品之中,"这一复制就是艺术品。通过艺术品,天才把他所把握的理念传达于人"[①]。在这个意义上,艺术品对天才而言,似乎只有一种工具性的价值,即将其作为传达某种理念的工具。而对于非天才的普通人而言,他们可以经由艺术品,提升自己认识理念的能力。因此,艺术品在这个意义上,无论对天才还是普通人而言,都只具有一种中介性的工具性价值。

世界的本体是意志,理念是意志的客体化。由此,我们即可认为,天才认识理念,在某种间接的意义上意味着对世界之本体的理解和把握。但正因为天才在认识上具有如此显而易见的优势,于是在其一生的大部分时间里,天才的认识兴趣主要着眼于"每一事物的理念",而这就必然使其忽略了对日常生活本身的观照。因此,叔本华认为,天才的人物在日常生活中,常显得呆、笨、傻。他说:"一个人的认识能力,在普通人是照亮他生活道路的提灯;在天才人物,却是普照世界的太阳。"[②] 从这个角度看,尽管天才在日常生活中显得好像是一个呆子或傻子,但这并非意味着天才在事实上就是如此;与普遍人在日常生活中的精明相比,天才卓越的认识能力,犹如太阳

---

① 叔本华:《作为意志和表象的世界》,石冲白译,杨一之校,北京:商务印书馆,1982年,第270页。

② 叔本华:《作为意志和表象的世界》,石冲白译,杨一之校,北京:商务印书馆,1982年,第261页。

普照大地，能在更广大的领域惠及更多的人。

天才拥有杰出的认识能力，但他们不愿把数学纳入自己的认识范围之中。因为，在叔本华看来，与经由现象而认识理念的路径相反，数学的考察旨在研究现象之"最普遍的形式"，即时间和空间，但时间和空间"不过是根据律的〔两〕形态而已"①。在这个意义上，数学不过是人们必须遵循的根据律，但在根本的意义上不具备重要性。因此，天才对于数学，常持一种厌恶的态度，而且"经验也证明了艺术上的伟大天才对于数学并没有什么本领"②。在这里，我们可以清楚地看到，和康德一样，叔本华认为天才是一种艺术上的才能。

抛开叔本华的思路，考察数学在科学知识体系中的地位，我们即可看到，正如彭罗斯在《通向实在之路》一书第一章③中所指出的，自泰勒斯、毕达哥拉斯引入数学证明的思想之后，无论在古代科学，还是在近代科学之中，数学占有根本性的重要地位。一种更常见的表述是，数学是科学的语言。因此，在科学至上的时代，数学必定受到广泛的尊崇。

本文开头提到的几位人物中，纳什和图灵是数学家，而作为宇宙学家和物理学家的霍金，数学自然也不差。在我们这个时代，上述几位在大众的心目中，往往被视为天才的典范。这在某个层面上，显示出科学在当代社会中的主导性地位。尽管不是要反对什么，但本文写作的目的之一，是想通过思想史意义上的考察，指明这样一个简单的道理：将霍金这样的科学家视为天才，并非像人们一般所认为的那样天经地义、理所应当。

回到以上的讨论，我们接着看叔本华关于天才的其他观点。叔本华是西方思想史上著名的悲观主义者，他认为人生不过是一个钟摆，在痛苦和无聊

---

① 叔本华：《作为意志和表象的世界》，石冲白译，杨一之校，北京：商务印书馆，1982年，第262页。

② 叔本华：《作为意志和表象的世界》，石冲白译，杨一之校，北京：商务印书馆，1982年，第263页。

③ 彭罗斯：《科学的根源》，王文浩译，载张志林：《当代哲学经典·科学哲学卷》，北京：北京师范大学出版社，2014年，第1—19页。

之间摇摆：欲望不得满足时痛苦，得到满足后又无聊。在此之外，叔本华还认为，痛苦和认识能力有关，认识愈明确，则痛苦愈多。这是因为从根本的意义上来说，生命是无意义的，因此对这一真相的认识愈真切，自然会感到愈痛苦。叔本华认为，与植物相比，动物的认识能力较强，因此也就更痛苦；以此类推，与其他动物相比较，人因其认识能力的提高而倍感痛苦。而在所有的人中间，天才具有最强的认识能力，因此也就是"最痛苦"[①]的。如此说来，一部天才的历史，亦即一部人类最强烈的痛苦史。

从"天才"这一概念的字面意思，我们可看出，天才是天生造就的而非后天养成的。也就是说，天才并非教育的结果。尼采说："天才的真正来源并不在教育之中，他仿佛只具有一种形而上的来源，一个形而上的故乡。"[②]叔本华亦认为，天才和德性一样，都是不可教的。在《作为意志和表象的世界》一书中，他如是写道："我们如果期待我们的那些道德制度和伦理学来唤起有美德的人，高尚的人和圣者，或是期待我们的各种美学来唤起诗人、雕刻家和音乐家，那我们就太傻了。"[③]叔本华的这一观点，在一个意义上指明，伦理学和美学这样的学问，其意义绝不像人们平素所认为的那样在于指导实践。当代亦有学者认为，伦理学之功用，不在于充当政治思想教育的工具，而根本上旨在"穷理求真"[④]。这就表明，即使是伦理学这样密切联系人类实践活动的学问，其根本要旨，也不在于为实践服务。

天才因其超强的认识能力而显得卓尔不群，叔本华把这一极高的评价给予了他心目中的思想英雄康德。在《康德哲学批判》一文中，他如是评价康德："一个精神上真正伟大的人物，他的完美的杰作对于整个人类每每有着深入而直指人心的作用；这作用如此广远，以致无法计算它那启迪人心的影

[①] 叔本华：《作为意志和表象的世界》，石冲白译，杨一之校，北京：商务印书馆，1982年，第423页。
[②] 尼采：《论我们教育机构的未来》，周国平译，南京：译林出版社，2012年，第54页。
[③] 叔本华：《作为意志和表象的世界》，石冲白译，杨一之校，北京：商务印书馆，1982年，第370页。
[④] 陈嘉映：《伦理学有什么用？》，《世界哲学》，2014年第5期，第151页。

响能够及于此后的多少世纪和多少遥远的国家。这是经常有的情况：因为这种杰作产生的时代尽管是那么有教养而丰富多彩，然而天才好像一棵棕树一样，总是高高地矗立在它生根的土地上面。"①

但事实上，叔本华视康德为天才的看法，并非无可争议。即使是康德本人，在可能的情况下，亦未必同意此说。因为按我们在本文第一节中的论述，康德认为艺术创作是天才的恰当领域，而众所周知的是，作为哲学家和自然科学家的康德，在艺术创作领域无甚成就。康德还认为，在理性的研究中展现天才的禀赋，不仅显得可笑，甚至就是胡闹。或许正是基于如上考虑，作为诗人的海涅，才没有将刻板的康德归入天才人物之列。

三、魏宁格论天才

在我们平素关于天才的想象中，还有一个至关重要的因素，即人物的年龄。所谓天才，一般会在非常年轻的时候，即在某方面表现出卓异的才能；而对于另外一种情况，即某人经过多年艰苦努力而终成大器，这固然令人敬佩，但人们一般不倾向于将后者视为天才。在此之外，天才人物的另一特征即英年早逝。一个年过百岁的老者，尽管可能德高望重，离天才的形象却似乎相去甚远。

从以上两个方面考虑，魏宁格堪称天才人物的典范。不到21岁，他即写出了极具独创性的哲学著作《性与性格》，对同时期及后来的思想者们产生了广泛而深刻的影响。23岁时，即《性与性格》出版后不久，魏宁格在维也纳的贝多芬故居自杀。有趣的是，魏宁格在《性与性格》的第四章"才能与天才"和第八章"'我'的问题与天才"中，对天才问题进行了较为集中的讨论。在此书的其他章节中，作者也在不同程度上，对天才问题有所涉及。

---

① 叔本华：《作为意志和表象的世界》，石冲白译，杨一之校，北京：商务印书馆，1982年，第562页。

我们先将魏宁格关于天才的观点，做一简要的归纳和概括。然后再针对这些具体的观点，做进一步的阐释和发挥。关于天才问题，魏宁格大致有如下看法：第一，"天才"这一概念，引发了广泛的虚荣；第二，天才是全面的，没有所谓的专门天才；第三，唯有伟大的艺术家和哲学家（包括宗教导师）是天才，而再伟大的实践家或科学家，亦不在此列；第四，天才者因其痛苦而理解他人；第五，天才在人类身上不可能得到完整的实现；第六，力图成为天才，应当是每个人的义务和责任；第七，女性不可能是天才；第八，天才为未来而工作；第九，天才的爱情始于愧疚、羞辱和克制。

从本文论述中，我们即可看到，尽管康德、叔本华和魏宁格对何为天才有如此之多的讨论，但这样一些讨论，并不一定构成识别天才的标准。天才之神秘莫测和难以识别，引发了广泛的虚荣心。魏宁格写道："为了被看做天才，有多少伪装不曾作出过？有多少华而不实之举不曾上演过？"① 这就表明，对天才观念的过度强调，极有可能引发大面积的做作和伪装；正如经权力之手树立道德模范的后果，不过是制造全社会的伪善而已。

魏宁格说："全面性是天才的鲜明标志。"② 因此，魏宁格不承认有专门的天才，如此，则我们通常所谓的"数学天才""音乐天才""象棋天才"等，在魏宁格看来根本就不是天才。由此看来，天才不是某种片面的专长，而是一种理想的、一种全能的禀赋。

在康德和叔本华的论述中，天才都被看作一种艺术才能。而叔本华将康德纳入天才范畴的做法，表明他认为伟大的哲学家亦可能是天才。魏宁格在这一点上，和叔本华的观点相当接近，他明确指出："唯有伟大的艺术家和伟大的哲学家（我首先要把伟大的宗教导师包括在后者当中）才堪称天才。"③ 与此同时，魏宁格还指出，实践家和科学家均不在天才的范畴之内。

有一种观点认为，如希特勒这样的大独裁者，堪称邪恶的天才。希特勒

---

① 奥托·魏宁格：《性与性格》，肖聿译，南京：译林出版社，2011年，第120页。
② 奥托·魏宁格：《性与性格》，肖聿译，南京：译林出版社，2011年，第127页。
③ 奥托·魏宁格：《性与性格》，肖聿译，南京：译林出版社，2011年，第154页。

的邪恶毫无疑问，但是否是天才则另当别论。以魏宁格的观点看，在任何意义上，希特勒都不可能是天才：作为艺术家的希特勒，不过是一个失败者，离"伟大"相距遥远；而作为政客（实践家）的希特勒，无论他在多大的意义上取得了"成功"，都与天才无关。如此一来，我们则有如下推论，即将希特勒式的独裁者视为"天才"，不过是在比喻性的意义上指明他们所犯下的罪行何其深重。

天才是最痛苦的，但也正因为这一点，"……他能感受到每一个人的痛苦"①。当然，我们亦可反过来说，天才的痛苦正在于他能理解他人。从这个角度看，天才即人类心灵最灵敏的感受器：他感受一切，又传达一切；也只有在这一过程之中，天才才能显示自身、成就自我。魏宁格说："理想的天才艺术家应当生活在每一个人的心里，应当让自己融入每一个人的心里，应当通过众人去揭示自己。"② 在这个意义上，天才的工作就不只是一己之私人情感的表达，而是作为人类灵魂之痛苦的歌哭者；天才也就不再是某种社会性的荣耀，而是如凡·高所认为的，以受难为前提。

天才不是任何单一方面的高度发展，而是人之理念的全面展现。但人类之所以是人类，就在于其永远都有着诸多不可能超越的限制，因此，人类的每一个个体，就只能是有限的存在。魏宁格由此认为，在人类的身上，天才"……永远不会被完整地实现"③。从这一角度看，所谓天才即理想的人；尽管我们知道这一理想永远都不可能实现，但既然是理想，它仍值得每一个人去追求。

魏宁格视天才为"最高的道德"，认为追求它应该是每一个人的义务和责任。而且，"只要希望成为天才，一个人就有可能成为天才"④。魏宁格这一思想对维特根斯坦影响极大。的确，我们可以在维特根斯坦等人的身上，

---

① 奥托·魏宁格：《性与性格》，肖聿译，南京：译林出版社，2011年，第201页。
② 奥托·魏宁格：《性与性格》，肖聿译，南京：译林出版社，2011年，第122页。
③ 奥托·魏宁格：《性与性格》，肖聿译，南京：译林出版社，2011年，第203页。
④ 奥托·魏宁格：《性与性格》，肖聿译，南京：译林出版社，2011年，第203页。

看到由于热切渴望成为一个天才,所以他们在哲学或广泛的人类精神诸领域做出了极大的贡献。

从另一个角度看,魏宁格对"天才"的高度强调,因其思想中强烈的精英主义色彩,极有可能在社会和政治领域造成巨大的灾难。其中的逻辑在于:某个对天才狂热追求或甚至干脆就自认为天才的人的眼中,不"天才"的群众不过就是一堆毫无意义的虫豸。进一步,对一堆虫豸而言,"天才"的领袖自然对他们有着生杀予夺的权力。如此,为巩固某种高度个人专权的统治,对他者的杀戮就不仅是一种政治上的必需,更是一种在道德上值得赞赏的行为。照此错误的逻辑,谁还能否认,"天才"的领袖消灭毫无价值的虫豸,正是其带给人民的福祉?通过以上分析,我们可以清楚地看到,价值上过度的精英主义,是怎样为狂人政治的出现铺平了道路。

在《性与性格》一书中,魏宁格还对女性有非常多的评论,这种评论本身,总不免有一种男性中心主义的立场。在天才的问题上,魏宁格说:"一些女人无疑具有天才的特征,但世上却没有女性天才。"[①] 说一些女人具有天才的特征,从表面上看,似乎至少在原则上对女性的才能有所肯定。但要知道,在魏宁格看来,任何一个人都可能具有某些天才的素质,因此,以上对女性才能的承认,不过是并未将女人排除于人类的表现而已。魏宁格对女性的看法并不公正,这一赤裸裸的言论,却正好揭示出"天才"这一概念本身就带有的男性中心主义倾向:从历史的角度看,人们的确极少将女性视为天才。

关于女性,魏宁格还提出了一个颇具争议的观点,即对一部分女性而言,卖淫是她们的天性,而非人们通常所认为的卖淫是为生活所迫。妓女为当下的享乐而生活,母亲则为未来而工作。从这一角度出发,魏宁格指出,天才不像妓女那样,只为追求当下的享乐;天才更接近母亲,即他们都为未

---

① 奥托·魏宁格:《性与性格》,肖聿译,南京:译林出版社,2011年,第210页。

来而"默默地工作"①。这也就是说，天才的工作不是消费，而是面向未来的建设。

魏宁格对天才的爱情状况做了如下评论，他说："天才者的爱情频频始于自我愧疚、自我羞辱和自我克制。"②贝多芬、凡·高的例子，或可证明这一点。其中的道理在于，天才将爱情视为一个寻求理想自我的过程，但现实中的自己，因种种条件所限，始终无法满足这一理想的要求。由此，天才会将这一理想的幻影，投射到其所爱恋的对象身上。于是，天才将其所幻想出来的对象作为一面镜子，愈加照见了自身的诸多弱点和种种不堪。因此，天才爱情的开始，首先就伴随着种种的愧疚和对自身的羞辱。与此同时，天才也在不断地自我克制，以求得自我的净化和完善。

四、维特根斯坦论天才

据《维特根斯坦之家》③一书显示，魏宁格在选择自杀以后，其著作《性与性格》在奥地利的上流社会中得到了广泛阅读和传播。维特根斯坦一家也加入了阅读者的行列，而这对年轻的路德维希·维特根斯坦产生了深刻的影响；甚至在某种程度上可以说，这本书形塑了他最初的世界观。维特根斯坦一生对性和女人的奇怪态度，在相当大的程度上，正是来源于魏宁格此书的影响。当然，从本文的论题着眼，更重要的问题在于维特根斯坦对天才的看法。

在本文第三节，我们已简单提及，在魏宁格的影响下，维特根斯坦将成为一个天才视作人之为人的最大责任。不仅如此，维特根斯坦还不断在其笔记之中写下他关于天才问题的持续思考。面对这些记录，我们可以明显地感觉到，维特根斯坦在讨论这一问题时，伴随他的是对自己不能成为天才的焦虑感。概括而言，维特根斯坦关于天才问题的讨论，有如下要点：第一，天

---

① 奥托·魏宁格：《性与性格》，肖聿译，南京：译林出版社，2011年，第252页。
② 奥托·魏宁格：《性与性格》，肖聿译，南京：译林出版社，2011年，第266页。
③ 亚历山大·沃：《维特根斯坦之家》，钟远征译，桂林：漓江出版社，2014年。

才是在某种性格中展现出的才能;第二,天才是一种聚焦的能力;第三,天才意味着某种勇敢;第四,天才是某种使我们忘记技巧的东西。

西方美学史在关于悲剧的讨论中,对悲剧有这样一个基本的划分,即命运悲剧、性格悲剧和社会悲剧。在古希腊,人们对悲剧的理解,其最核心的部分是命运。所谓命运,对人而言即意味着一种无可更改的必然性,人对命运的任何反抗,其达成的目标不过是命运的最终实现。在命运面前,人大可展示某种崇高的德性,但在根本上是无助的。而到了现代早期,性格悲剧的出现,意味着对人的地位的认可和确立。从这一思想史的背景看,维特根斯坦强调天才与性格之间的联系,表明讨论"天才"的基础是现代以来确立的个体性原则。

1939至1940年,维特根斯坦在其笔记中写道:"天才的尺度是性格——即使性格本身不能产生天才。天才不是'才能加上性格',而性格则是以特殊才能的形式表现自己。"① 因为表述的原因,要完全理解维特根斯坦这里的观点,有一定的困难,但其大致的意思仍是清楚的,即天才不是性格和才能的简单相加,因为从根本上来说,性格和才能不是一个层次上的东西。作为尺度或标准,性格无疑在更深层的意义上,对一个人才能的展现构成了某种约束。但光有某种性格,没有特殊才能的展现,则无以构成我们通常所谓的天才。

到1948年,维特根斯坦在其笔记之中,记录下了他对上述问题的进一步思考:"天才是一种在性格自身中可展现出的才能。"② 在一般性的意义上,我们对天才问题的流俗理解,都比较强调才能这一面。但维特根斯坦对这一问题的持续思考,始终将性格放在一个非常重要的地位上,这不能不令人深思。在某种意义上,这似乎表明,一种创造性才能的展现,只有根植于主体某一特殊的性格之上,才有其实现的可能。照此推论,在一个没有怪人

---

① 维特根斯坦:《文化和价值》,黄正东、唐少杰译,南京:译林出版社,2014年,第48页。
② 维特根斯坦:《文化和价值》,黄正东、唐少杰译,南京:译林出版社,2014年,第91页。

的社会里，天才必定稀少；个体性格上的高度相似，恰恰表明了一个社会的平庸性。

在比喻的意义上，维特根斯坦说天才的特殊才能犹如一个透镜，他在笔记中这样写道："天才并不比其他任何正直的人具有更多的光芒——但是他有一个能聚焦光芒至燃点的特殊透镜。"① 如果说普通人的生命是一个黯淡的存在，那么在天才的身上，则必定闪耀着光芒。维特根斯坦认为，天才之光并不比一个正直者所展现出的德性之光更为耀眼，但天才的特殊性在于拥有一个特殊的透镜，它能以聚焦的方式，将阳光引至燃点。在这个意义上，天才的特殊才能，即意味着某种聚焦的能力。

维特根斯坦本人的经历，或可为以上论点提供一个注脚。1931年，维特根斯坦在反思自己之前的工作时说："一九一三至一九一四年，我在挪威得出某些我自己的思想，或者说至少现在看来是如此。"② 而据传记显示，在此期间，维特根斯坦曾独居于挪威一座小屋，专注于逻辑和哲学问题的思考。高强度的思考，让维特根斯坦收获了一些独创的思想。

在维特根斯坦看来，天才还意味着某种勇敢。1940年，他在笔记中写道，可以认为"天才一种依靠勇敢去实践的才能"③。这里的道理非常清楚。按康德对天才的界定，独创性是其最重要的特征，而所谓的独创性，即是一种从无到有的创造能力。但独创性之所以是天才才有的本领，在于要真正做到这一点其实是极为艰难的。我们每一个人，自出生开始，都生活在一个既定的世界中。这是一个"有"的世界。要在既有的世界之中，无中生有地创造出新的东西来，要求我们突破种种既有的限制，而只有勇者才能做到这一点。缺乏勇气而又有某种才能的，不是天才，而是工匠。

维特根斯坦关于勇敢的这一理解，与古希腊的哲学家相比已有了极大的不同。在柏拉图的理论中，勇敢是城邦守卫者的德性，对应灵魂中的激情/

① 维特根斯坦：《文化和价值》，黄正东、唐少杰译，南京：译林出版社，2014年，第48页。
② 维特根斯坦：《文化和价值》，黄正东、唐少杰译，南京：译林出版社，2014年，第27页。
③ 维特根斯坦：《文化和价值》，黄正东、唐少杰译，南京：译林出版社，2014年，第53页。

血气。而按亚里士多德关于知识的分类，艺术制作者所拥有的是某种制作性的技艺，其从业者大半是奴隶，对他们而言，节制才是最大的美德。与这样一些观点相比，维特根斯坦对天才问题的理解，无疑是延续了现代以来的主流思路：在一种现代性的理解中，艺术和艺术家的地位得到了极大提高。

无论多么伟大的艺术创造，都离不开一定的创作技巧。郑板桥论画竹，有"成竹在胸"和"成之于手"之说，前者固然关键，但没有后来的步骤，则艺术品无法最终成形。而"成之于手"的过程，则一定要有创作技巧的运用。那么对天才而言，技巧意味着什么？

1943年，维特根斯坦在其笔记中写道："天才是那种使我们忘记技巧的东西。"① 这就表明，在天才的作品中，技巧并非不存在，而是因其某种更为夺目的东西，我们忘记了技巧的存在；只有在天才不济之处，技巧才会赤裸裸地暴露出来。但在另一些艺术中，技巧以其炫目的光芒，支撑起了整个作品。在这样的作品中，很少有天才发挥的余地。因此，维特根斯坦以《名歌手》之序幕为例，指明"天才只有在技巧的单薄之处才暴露无遗"②。减少了技巧的支撑，天才的醒目之处，才得以更完整地显现出来。

在对维特根斯坦的天才观做了如上评述之后，我们有必要简单讨论一下维特根斯坦本人是否是天才的问题。尽管不无争议，但在许多人的心目中，维特根斯坦仍被视为20世纪最伟大的哲学家，天才人物的完美范例。我想这并非毫无道理。从他所做的工作看，其早期代表作《逻辑哲学论》，出版时间虽较晚，但实际上在1918年8月就已经写成。而当时的维特根斯坦，尚不满30岁。从这一点看，维特根斯坦符合一般天才人物早熟的"标准"。另外，尽管维特根斯坦对艺术颇有兴趣，但他的成就主要在哲学领域。以叔本华和魏宁格的观点看，伟大的哲学家亦可被纳入天才之列。

天才人物因其卓越的品质多有追随者。在这方面，维特根斯坦也不例

---

① 维特根斯坦：《文化和价值》，黄正东、唐少杰译，南京：译林出版社，2014年，第59页。
② 维特根斯坦：《文化和价值》，黄正东、唐少杰译，南京：译林出版社，2014年，第59页。

外，他的学生们不仅跟随他学习哲学，甚至模仿他的行为举止。但维特根斯坦严肃的性格和毫不留情的批评，总是给学生们带来极大的压力。艾耶尔说："他［维特根斯坦］不是不喜欢有追随者，而是老想把他们吓住，因而剥夺了他们独立思考的权利。"① 艾耶尔的这一观察，在一定程度上可能也是事实，但毕竟有些表面。事实上，维特根斯坦本人并不希望被人仿效。在1947年的笔记中，维特根斯坦如是写道："我不可能创立一个学派，因为实际上我并不想被人仿效。无论怎样，不要被那种通过哲学杂志来发表文章的人所仿效。"② 在某种意义上，我们可以将此理解为维特根斯坦本人的自负；而从另一个角度看，这正展现出其卓尔不群的独立品格。

五、 结语

回到本文开头提出的问题："霍金是我们这个时代的天才吗？"在经过如上考察之后，我们大概可以说，如果认为"天才"就是聪明或智商高，那么毫无疑问，霍金当然是我们这个时代的天才。但从思想史的角度看，无论是采用康德的标准，还是采用叔本华和魏宁格扩展后的标准，作为科学家的霍金，均不可能进入天才之列。维特根斯坦没有明确提出相关标准，但在其具体的讨论中，可以明显看出他所谓的天才是以艺术家为原型的。

既然如此，为什么在大众文化之中，霍金又的确被人们视为天才呢？当然，在最显而易见的层面上，我们可以说一般人缺乏相应的知识，因此不过是人云亦云、以讹传讹。但在我看来，将科学家视为天才，表明了科学在这个时代占据的主导性地位。与此相对应的，是艺术和哲学被极度边缘化的处境。

我还想指出的是，"天才"一词在日常语境中的广泛使用，表明浪漫主义的基本观念已充分渗透于大众文化之中。因此，在一般意义上，对"天

---

① 艾耶尔：《维特根斯坦》，陈永实、许毅力译，北京：中国社会科学出版社，1989年，第246页。
② 维特根斯坦：《文化和价值》，黄正东、唐少杰译，南京：译林出版社，2014年，第86页。

才"一词的模糊使用，我们没必要过多地指责。但从学术的角度出发，我们有必要对相关问题所涉及的核心概念，做尽可能细致的分析。1940年，维特根斯坦在其笔记中就写道："有些时候，必须把某个语词从语言中撤出，送去清洗——然后，才能把它送回到交流之中。"① 在这个意义上，本文所做的简要考察，就是对"天才"一词的一次"清洗"。

---

① 维特根斯坦：《文化和价值》，黄正东、唐少杰译，南京：译林出版社，2014年，第53页。